零基础玩转 AI 写作

杜利明　王凤英　吴婧　著

天津出版传媒集团

天津科学技术出版社

图书在版编目（CIP）数据

零基础玩转AI写作 / 杜利明，王凤英，吴婧著. -- 天津：天津科学技术出版社，2024. 10. -- ISBN 978-7-5742-2526-8

Ⅰ．H05-39

中国国家版本馆CIP数据核字第2024SA8491号

零基础玩转AI写作
LINGJICHU WANZHUAN AI XIEZUO

责任编辑：杜宇琪

出　　版：	**天津出版传媒集团** 天津科学技术出版社
地　　址：	天津市西康路35号
邮　　编：	300051
电　　话：	（022）23332695
网　　址：	www.tjkjcbs.com.cn
发　　行：	新华书店经销
印　　刷：	天宇万达印刷有限公司

开本 670×950　1/16　印张 14　字数 180 000
2024年10月第1版第1次印刷
定价：49.80元

前言

　　欢迎来到《零基础玩转AI写作》！本书将带你踏上一场关于AI写作的奇妙探索之旅。在这个信息爆炸的时代，人工智能技术正以前所未有的速度和深度改变着我们的生活和工作方式，不仅在科学研究、医疗、娱乐等领域展现出其惊人的潜力，更是给文本写作与创作领域带来了巨大变革。本书旨在揭开AI写作的神秘面纱，引领大家走进AI写作的奇妙世界，让每位读者都能轻松上手操作AI写作工具，提高写作效率和质量。

　　本书共分7章，全面覆盖了AI在写作领域的多元化使用。

　　第1章重点介绍了多款AI写作工具的特点和功能，不仅为读者提供丰富的AI工具资源，也指导读者如何选择最适合自己的AI工具。

　　第2章带领读者学习向AI提问的艺术，掌握如何通过关键词提问、约束提问、举例提问等方式，与AI高效地交流以获得更精准有用的信息或答案。

　　第3章致力于引导读者借助AI写作工具，提高学习过程中针对论文、实习报告、读书笔记、课题申请报告等方面的写作水平。

　　第4章针对AI在职场写作方面的应用提供了深入浅出的建议，

包括简历、行业分析报告、工作总结、会议纪要等，旨在帮助读者用更少的时间完成更高质量的工作，在职场竞争中脱颖而出。

第5章聚焦于新媒体创作的各个方面。无论是新媒体平台的文案创作，还是拍摄脚本等内容，AI写作工具的使用都能大大提升工作的效率和创意的质量。

第6章聚焦于商业营销领域，深入探讨了利用AI写作工具进行产品测评、产品推广、品牌宣传、新媒体销售、活动策划等文案的创作。

第7章聚焦于AI写作工具在生活社交与虚构写作中的使用。从回复内容到节日祝福，从旅游攻略到小说创作，从睡前故事到朋友圈文案，AI写作工具都能为我们提供个性化和创新的表达方式。

本书适合所有对AI写作感兴趣的读者，无论你是学生、职场人士，还是对新媒体创作和商业营销感兴趣的人士，都能从中受益。在这里，我们将一起探索AI写作的乐趣，释放创造力，打开思维的无限可能！

由于AI技术发展迅速，AI写作软件似雨后春笋层出不穷，软件迭代更新速度也非常快，因此书中难免会有疏漏和不足之处，敬请广大读者及专家指正。

特别感谢郭文艳、吕长垚、陈莹和崔蕾对本书的写作和出版做出的贡献。

目录

第 1 章　AI 写作工具知多少

1.1	生成式对话平台：全程陪伴的私人写作教练	001
1.2	翻译纠错助手：智能翻译与精准校对的贴心搭档	011
1.3	集成式写作工具：多场景写作的智能助手	021

第 2 章　巧问妙答：引爆创意的引擎

2.1	关键词提问：精准发问，直击要点	034
2.2	约束提问：划定范围，聚焦关键	038
2.3	举例提问：以例促思，启发洞见	042
2.4	对话型提问：互动交流，深入探讨	044
2.5	描述背景：构建情境，激发灵感	046
2.6	答案判断：理性分析，精确评估	049

第 3 章　高效学习与研究助手

3.1　论文选题：洞察热点，把握论文方向　　050
3.2　论文大纲：理清逻辑，构建论文框架　　053
3.3　论文写作：凝练创新，搭建学术交流桥梁　　057
3.4　论文润色：优化表达，提升文章价值　　061
3.5　文献总结：提炼内容，深化理解　　065
3.6　实习报告：复盘实践经验，总结成长心得　　069
3.7　学生活动策划方案：引领创新，构建活力校园　　072
3.8　读书笔记：精读深思，点亮阅读智慧　　076
3.9　课题申请报告：精耕细作，铺就研究探索之路　　080
3.10　文本翻译：打破语言壁垒，精准传达信息　　083
3.11　纠错编辑：字斟句酌，雕琢完美篇章　　087

第 4 章　职场写作

4.1　简历：打造个性化简历，助力求职成功　　091
4.2　行业分析报告：深入剖析，把握行业动态　　095
4.3　工作总结：条理清晰，展现工作成果　　099
4.4　会议纪要：精准记录，助力决策执行　　103

4.5	商务函件：专业严谨，促进商务合作	106
4.6	活动策划案：创意无限，打造精彩活动	109
4.7	职场沟通话术：有效沟通，提升职场竞争力	113
4.8	面试题库：全面覆盖，助你成为面试达人	117
4.9	商业计划书：展现实力，赢得投资青睐	121
4.10	通知：言简意赅，确保信息有效传达	125

第 5 章　新媒体创作

5.1	文案选题：挖掘创意，策划精彩内容起点	128
5.2	文章标题：短小精悍，一句话抓住读者眼球	131
5.3	小红书文案：玩转平台，打造爆款笔记	135
5.4	抖音文案：创新表达，引爆短视频热潮	137
5.5	微博文案：匠心独运，助力成为金句达人	141
5.6	公众号运营规划：深度运营，构建粉丝互动桥梁	144
5.7	知乎宣传文案：专业洞见，提高文案影响力	148
5.8	短视频拍摄脚本：镜头语言，演绎视觉故事新篇章	151
5.9	豆瓣读书心得：感悟分享，启迪心灵之旅	155

第6章 商业营销文案写作

- **6.1** 产品测评文案：理性分析，增强产品性能认知度 …… 160
- **6.2** 产品推广文案：巧妙展示，扩大产品市场竞争力 …… 164
- **6.3** 品牌宣传文案：塑造价值，巩固品牌地位 …… 168
- **6.4** 新媒体销售文案：引导流量，提升产品销售业绩 …… 174
- **6.5** 活动策划文案：优化活动，扩大品牌知名度 …… 177
- **6.6** 购物指南：科学指导，助力明智选择 …… 182

第7章 生活社交与虚构写作

- **7.1** 回复内容：交流互动，增进理解与信任 …… 188
- **7.2** 节日祝福语：传递温暖，表达真挚的爱与关怀 …… 192
- **7.3** 旅游攻略：规划行程，提升旅行质量 …… 195
- **7.4** 小说：拓宽视野，领略不同的虚拟人生 …… 200
- **7.5** 故事：启迪智慧，激发情感共鸣 …… 205
- **7.6** 朋友圈文案：增进交流，展现个性风采 …… 211

第1章 AI写作工具知多少

1.1 生成式对话平台：全程陪伴的私人写作教练

1.1.1 ChatGPT

1. 简介

ChatGPT 是由美国人工智能研究公司 OpenAI 研发的一款智能聊天程序，一经问世就在全世界范围内迅速走红。ChatGPT 通过大量的训练来模拟人类的语言行为，它可以与用户进行互动对话，根据用户提供的上下文或语境，做出准确、恰当的回答。

2. 核心功能

ChatGPT 可以根据用户的输入进行推理与分析，生成符合语境和语义的回答。

（1）文本生成

ChatGPT 可以根据用户的需求生成各种类型的文本，比如总结、摘要、评论等。

（2）语言翻译

ChatGPT 可以帮助用户将一种语言翻译成另一种语言，并根据用户的需要优化语言表达，使文本更加流畅自然。

（3）语义理解

ChatGPT 可以对用户输入的文本做出分析和解释，帮助用户更好地理解文本的含义。

（4）情感分析

ChatGPT 可以分析用户输入内容的情感倾向，并做出合适的回复。

（5）便捷搜索

虽然 ChatGPT 的回答缺乏实时性，导致它目前无法完全取代传统搜索引擎，但是 ChatGPT 可以用作传统搜索引擎的补充，帮助用户快速获得有用的信息。比如，当用户需要快速获取一个简单的答案或建议时，ChatGPT 可以快速地给出答案或建议，而不需要用户在大量的搜索结果中筛选。

（6）图片识别与分析

用户可以上传图片与 ChatGPT 进行互动，咨询与图片有关的问题，如图片识别、图片解读和图片搜索等。

（7）智能语音对话

ChatGPT 可以对用户输入的语音进行理解，而无需用户打字输入指令，这大大提升了使用便捷度，并降低了使用门槛。

1.1.2 文心一言

1. 简介

"文心一言"是百度公司搭建的人工智能大语言模型，具备文学创作、商业文案创作、数理逻辑推算、中文理解和多模态生成能力。"文心一言"可以从海量的数据中总结出有价值的信息，对用户的问题做出合理的解答，它是帮助用户提升学习、工作和生活效率的强大助手。

用户登录网页后可以免费使用"文心大模型 3.5"，开通会员后方可使用"文心大模型4.0"和"文心大模型4.0 Turbo"。

2. 登录方式

"文心一言"提供了网站平台和手机端应用。其网站平台的登录方法为：打开浏览器，在搜索栏中输入网页地址"https://yiyan.baidu.com"进入官方主页。其手机端应用需要在手机的"应用市场"中搜索"文心一言"下载安装。用户可以通过百度账号或手机号码等多种方式登录。

3. 核心功能

以"文心一言"的网站平台为例，打开主页后可以在对话框中输入指令与系统互动，如图1-1所示。

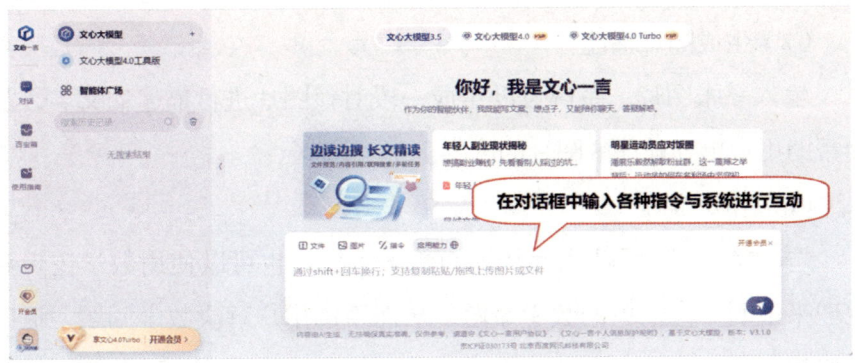

图1-1 "文心一言"对话页面

常见的功能如下。

（1）对话问答

用户在对话框中输入包括但不限于科学、历史、文学、艺术和生活常识等方面的问题与系统进行互动，"文心一言"能从大量的知识库或互联网信息中检索出与问题相关的答案。

（2）情感分析

通过用户输入的文字理解用户的情绪，并适当地提供支持和安慰。

（3）文本生成

根据用户提供的关键词自动生成符合语法与逻辑的文本，帮助用户提高内容创作的质量和效率。

（4）文本修改

对用户输入的文本内容进行修改，比如纠正错别字和优化文字表达等。

（5）翻译

根据用户的指令将文本内容从一种语言转换成另一种语言。

（6）信息提取

从输入的大段文字中提取出时间、地点、人物等用户需要的关键信息。

（7）生成图片描述

输入一张图片，系统可以生成一段对该图片进行描述的文字，从而帮助用户更好地理解图片的内容。

（8）知识推理

"文心一言"可以执行基本的数学运算，也可以使用数学逻辑和定理来证明一些简单的数学命题，从而帮助用户解决数学问题，提高学习效率。

（9）一言百宝箱

"一言百宝箱"是"文心一言"中内置的一款强大工具，针对用户的不同身份和不同使用场景集成了大量实用的提示词，帮助用户高效提问，如图1-2所示。

此外，借鉴"一言百宝箱"中的提示词，用户也可以举一反三，更好地分析和表达自己的问题，进而提高与系统的对话效率。

第 1 章　AI 写作工具知多少

图 1-2　"一言百宝箱"功能

（10）智能体

"文心一言"内置了"说图解画""阅读助手""E 言易图"等多种智能体，支持用户与系统进行文本、视觉、语音等多模态交流。比如，"说图解画"可以将图片转化为故事、文案等，提升用户与系统交互的灵活性。

（11）创建独立的对话空间

通过点击"文心大模型"右侧的"+"可以创建多个独立的对话空间。不同的对话空间不但可以设置独立的主题，提升用户与系统交流的清晰度，而且便于用户管理和组织对话内容，轻松查找对话历史。

1.1.3　智谱清言

1. 简介

"智谱清言"是一款由北京智谱华章科技有限公司推出的中英双语对话 AI 助手，能够提供通用对话、多轮对话、文档解读及代码生成等服务，可以为用户在工作、学习和日常生活中提供智能化的帮助。

2. 登录方式

"智谱清言"为用户提供了网站平台和手机端应用。其网站平台的登录方法为：打开浏览器，在搜索栏中输入网页地址"https://chatglm.cn"进入官方主页。其手机端应用需要在手机的"应用市场"中搜索"智谱清言"下载安装。用户可以利用手机号码进行注册体验。

3. 核心功能

以"智谱清言"网站平台为例，其核心功能如下。

（1）ChatGLM

"智谱清言"的 ChatGLM 功能能够通过多轮对话，理解并记忆交互的上下文，提供准确的信息和解决方案，协助用户完成各种任务，如信息查询、日程管理、文案生成、AI 作图等。

（2）清影智能体 – AI 生视频

该功能可以根据用户通过文本或图像提供的创意想法生成视频。

（3）长文档解读

用户在如图 1-3 所示页面中上传自己的文档后，"智谱清言"的"长文档解读"功能可以帮助用户处理文档信息，更加高效、精准地获取所需知识。

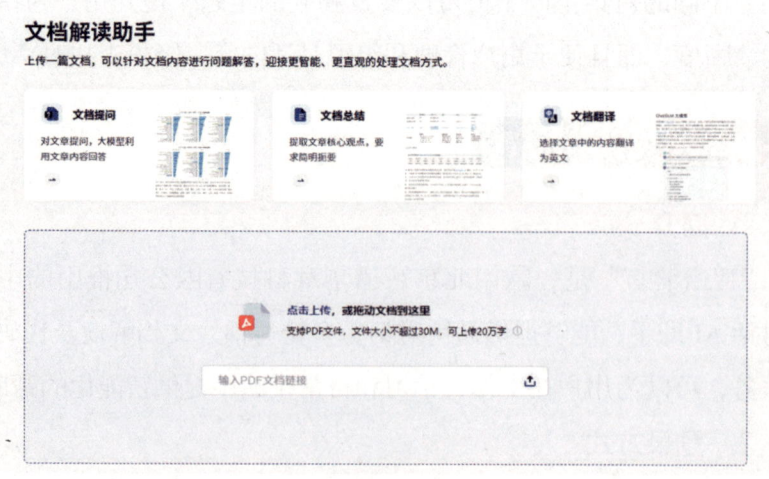

图 1-3 "文档解读助手"页面

①文档提问：用户上传文档后进行提问，"智谱清言"能够自动分析文档的内容并回答用户提出的问题。

②文档总结："智谱清言"能够对文档内容进行精炼和概括，提取文档的核心观点、关键信息，去除所有非必要的部分，只保留最重要的信息。

③文档翻译："智谱清言"能够根据用户指令，将文章的部分或全部内容翻译为其他语言。

（4）数据分析

"智谱清言"的"数据分析"功能可以分析用户上传的文件或数据，并将结果图表化；也可以通过简单的编码实现文件处理，帮助用户提高开发效率、减少出错。

（5）智能体中心

"智能体中心"是"智谱清言"内置的集成模块，如图1-4所示。"智能体中心"内针对不同使用场景预定义了大量实用的智能体，降低了新用户的使用门槛，增强了互动体验。

图1-4 "智能体中心"页面

1.1.4 天工 AI

1. 简介及功能

"天工 AI"是北京昆仑万维科技股份有限公司开发的一款具备文本生成能力的对话式 AI 助手，其主要功能包括 AI 搜索、AI 对话、AI 阅读和 AI 创作，可以满足用户在文案创作、知识问答、代码编程、逻辑推演、数理推算等方面的多元化需求。

2. 登录方式

"天工 AI"提供了网站平台和手机端应用。其网站平台的登录方法为：打开浏览器，在搜索栏中输入网页地址"https://search.tiangong.cn"进入官方主页。其手机端应用需要在手机的"应用市场"中搜索"天工 AI"下载安装。用户可以通过手机号码快速注册。目前，"天工 AI"提供免费服务。

3. 核心功能

（1）搜索

"天工 AI"的"搜索"功能可以根据用户的查询意图，从大量的数据中快速、准确地提取相关的信息做出回答。

（2）天工 3.0 对话助手

在网页版"天工 AI"的"天工 3.0 对话助手"页面中，用户可以与 AI 进行自然、流畅的对话。"天工 AI"可以根据用户的输入，理解用户的意图，给出合适的回答。用户可以自行选择不同的对话场景，提高 AI 回答的准确性，如图 1-5 所示。

（3）智能工具

"智能工具"模块包括"AI 文档—音视频分析""AI 写作""AI 图片生成""AI 音乐""AI PPT"等功能。用户可以根据需求选择不同的功能，快速生成个性化的内容，提高创作效率。

第 1 章　AI 写作工具知多少

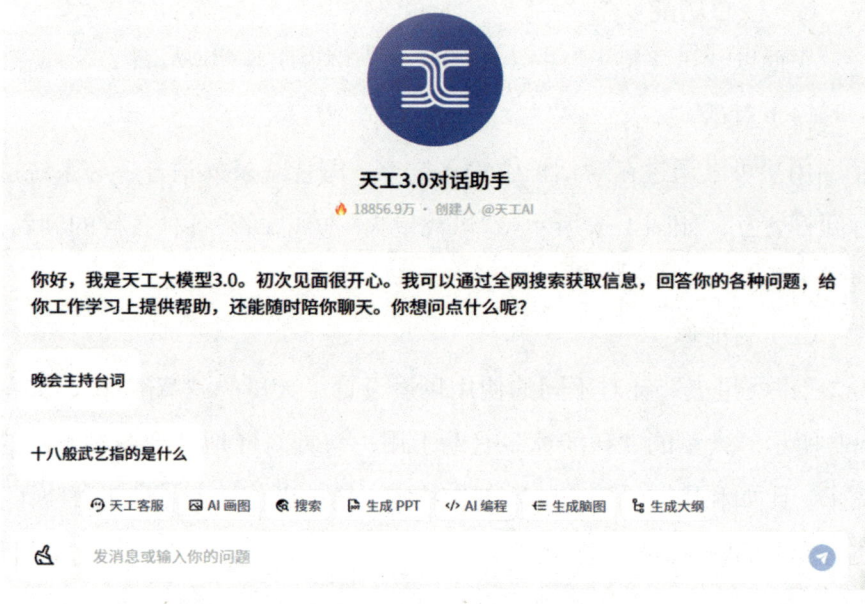

图 1-5 "天工 3.0 对话助手"基础页面

1.1.5 讯飞星火

1. 简介

"讯飞星火"是由科大讯飞股份有限公司推出的一款免费且极具实用性的 AI 应用软件，可以实现知识问答、逻辑推理、语义理解、数学运算、代码编写等功能，并且同时具备处理文字、语音和图片等多种信息的能力。

2. 登录方式

"讯飞星火"提供了网站平台和手机端应用。其网站平台的登录方法为：打开浏览器，在搜索栏中输入网页地址"https://xinghuo.xfyun.cn"进入官方主页。其手机端应用需要在手机的"应用市场"中搜索"讯飞星火"下载安装。用户可以通过手机号码或微信账号进行注册及登录，登录后即可根据提示使用软件功能。

3. 核心功能

下面以"讯飞星火"的手机端应用为例说明其核心功能。

（1）对话

用户可以通过在对话框中输入文字、图片或录入语音，与系统进行问答交互，如图 1-6 所示。"讯飞星火"可以回答各种各样的问题，包括生活常识、工作技能、医学知识等。

（2）智能体

"讯飞星火"针对不同的使用场景设置了大量的"智能体"，如图 1-7 所示。大量的"智能体"有助于用户有针对性地处理各种不同的需求。比如利用"绘画大师"创作特定主题的图像，利用"迅飞晓医"进行专业的医学知识问答等。

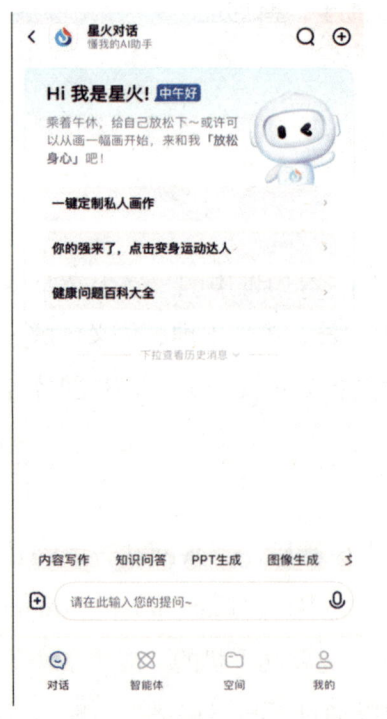

图 1-6 "对话"页面

图 1-7 "智能体"页面

1.2 翻译纠错助手：智能翻译与精准校对的贴心搭档

1.2.1 有道写作

1. 简介

"有道写作"是一款由网易公司开发的在线写作工具，基于中国人的英语写作习惯设置了全面的批改系统，包括小学、初中、高中、四级、六级、考研、雅思、托福等多种英语写作场景类型；支持macOS、Windows、iOS、Android等多个操作系统。

用户登录"有道写作"网页后可以免费使用所有的基础功能，开通会员方可使用"批改"中的"高级纠错"及"详细报告"功能。

2. 登录方式

打开浏览器，在搜索栏输入网页地址"https://write.youdao.com"进入官方主页。

用户可以自行选择网易邮箱、手机号码、微信、QQ等多种登录方式。

3. 核心功能

（1）设置"写作偏好"并自定义"写作术语库"

为了获得更好的用户体验，建议用户写作前在"账号设置"中修改"写作偏好"并创建"写作术语库"。通过设置"职业"及"默认写作类型"等，可以让系统提供更具有针对性的批改建议和写作辅助。通过修改"写作术语库"可以避免不常见的单词被系统识别为拼写错误。

（2）"自由写作"模式

"自由写作"模式适合日常写作或练习场景，用户可以在写作的同时进行批改，及时查看修改建议和权威的例句。

新建文档后进入图1-8所示页面。依次完成文章的标题和内容后，单击左上角的"保存"结束写作。单击左上角"词数"旁的下拉箭头可以显示文章的字符数、词数、阅读时间、朗读时间等详细信息。

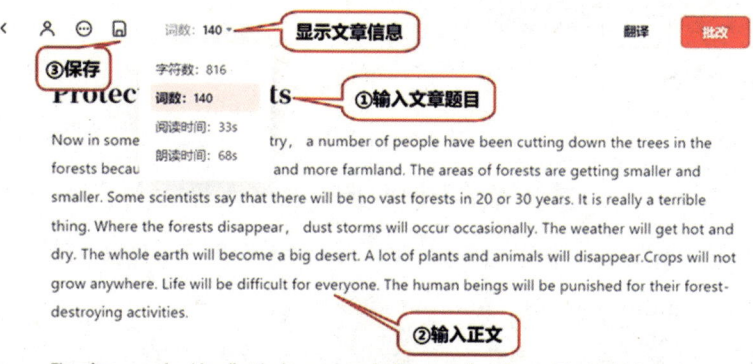

图1-8 创建新文档

单击页面右上角的"翻译"按钮，系统会将文章中的内容逐句翻译。单击页面右上角的"批改"按钮，在页面右侧窗格中会给出系统评分，并给出"基础纠错""句子润色""权威例句"三方面的写作建议，如图1-9所示。单击各项可以展开具体内容，每一项都会在

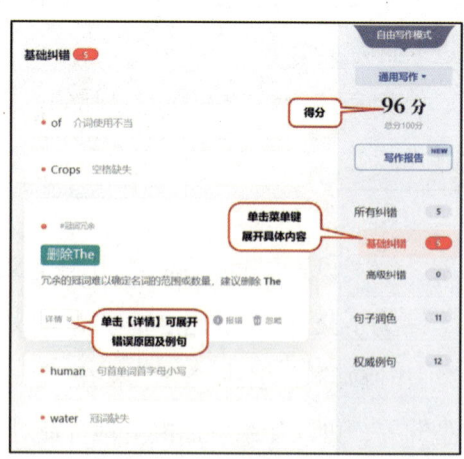

图1-9 文章批改结果

原文中标出对应位置。用户可以根据建议自行修改文章。

此外，用户可以设置"实时批改"功能。用户在文档编辑页面按照图1-10所示逐

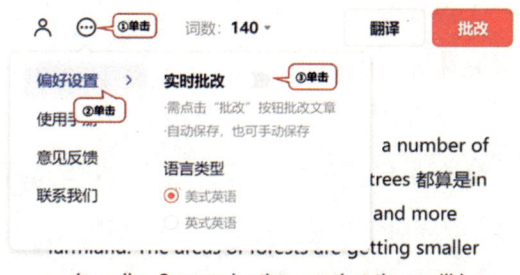

图1-10 设置"实时批改"

步打开左上角的下拉菜单后，在菜单中可以开启"实时批改"功能，并切换语言类型。启用"实时批改"功能后，系统会在用户写作的过程中同步批改帮助纠错。

右下角的写作助手可以帮助用户更好地写作。写作助手的功能包括"翻译查词"与"例句检索"。"翻译查词"功能可以给用户在搜索框中输入的中文、英文等提供翻译。"例句检索"功能可以提供权威例句，用户可以通过自定义语料库与句子所属章节修改例句来源。

（3）"模拟考试"模式

"模拟考试"模式适合备考人群或限时训练场景，设置有计时功能，可以帮助用户把控写作时间。

单击"模拟考试"进入主页面，单击"新建"并选择考试类型后进入考试页面。单击"开始考试"按钮，页面开始计时，用户完成考试内容后，单击右上角的"交卷"按钮提交试卷。提交试卷后，系统停止计时并自动批改。当用户按照批改建议完成纠错后，可单击"再次批改"查看修改的效果。在基础错误未清零时此功能锁定不能使用。

（4）扩展项下载服务

单击"有道写作"主页右上角头像左侧的"插件下载"按钮可以跳转至扩展项下载页面。在该页面可以下载浏览器扩展、Word加载项及"有道词典"移动端，从而获得更好的用户体验。

①浏览器扩展可以帮助用户在浏览器内发送邮件等多种场景下书写得更准确恰当。

②Word 加载项可以帮助用户在 Word 中更专业地写作。

③在手机上安装"有道词典"移动端后，用户可以将纸质版作文通过拍照的形式上传批改，更为便捷。

（5）外接智慧学习 API

"有道写作"外接有"英文批改 API"与"中文批改 API"，这两项服务均由网易有道旗下的云服务平台"有道智云"开发，是基于深度学习网络技术的自动作文批改技术。

用户登录"有道写作"后，单击主页上方"英文批改 API"与"中文批改 API"可以快速跳转至体验页面。在跳转页面用户可以体验两项服务的基础功能；核心功能需要付费使用，用户可根据需要自行选择。

1.2.2　DeepL

1. 简介

DeepL 是由德国 DeepL 公司开发的 AI 翻译和写作工具，可提供精确的翻译、强大的语法修正及实用的文本优化。它包含 DeepL 翻译器和 DeepL Write 等多语言产品，可以帮助用户随时随地将文本、照片甚至语音翻译成 30 多种语言，检查语法、标点符号和语言风格，修复语法和标点错误，创造性地将句子改写成不同风格。

2. 登录方式

打开浏览器，在搜索栏输入网页地址"https://www.deepl.com/zh/write/"即可免费使用 DeepL Write 功能；在搜索栏输入网页地址"https://www.deepl.com/zh/translator"即可打开 DeepL 翻译器功能页面。

3. 核心功能

目前 DeepL 支持英语、德语、法语、西班牙语等多种语言文本的翻译和修改。用户在 DeepL Write 页面中输入或粘贴文本内容后，系统将在右侧自动显示修改后的文字内容，整体页面如图 1-11 所示。修改后的文本会以绿色字体和画线显示，用户还可以点击右侧任意单词获得替换单词和整句的改写方案。免费用户一次最多可以改写 2000 个字符，足以满足大多数人的需求。

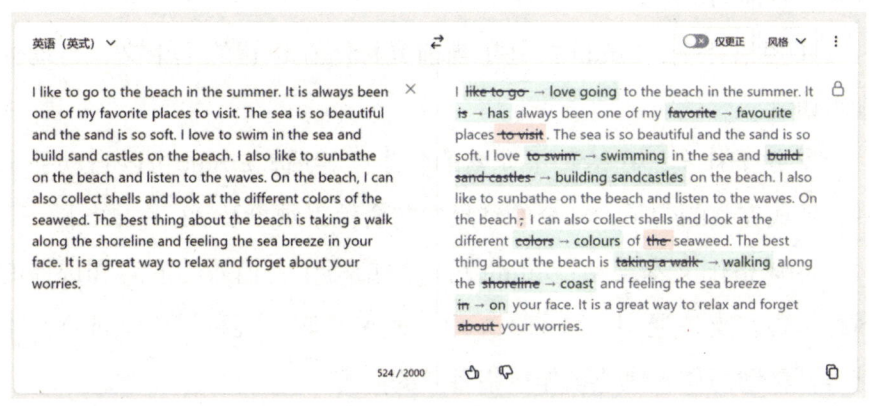

图 1-11　DeepL Write 页面

1.2.3　Effidit

1. 简介

智能创作助手 Effidit（Efficient and Intelligent Editing）是由腾讯 AI Lab 开发的一个系统，旨在用 AI 技术帮助写作者轻松完成中英文写作，提升写作效率和创作体验。

2. 登录方式

打开浏览器，在搜索栏中输入网页地址"https://effidit.qq.com"即可免费使用。

3. 核心功能

（1）智能纠错

Effidit 支持中英文智能纠错。针对输入的中文内容，Effidit 能够自动检测出文本中的错别字和错误词语，并给出修改意见；针对输入的英文文本内容，Effidit 可以提供英文语法纠错及拼写检查。

（2）文本补全

在文本补全方面，Effidit 具备短语补全、句子补全和风格化文本续写三种能力。

①短语补全：Effidit 可基于当前光标所在位置的上下文，自动补全短语。

②句子补全：在给定不完整的句子内容后，Effidit 可以自动补全并扩展成完整的句子，补全的结果中包含检索结果及 AI 生成结果。

③风格化文本续写：Effidit 可以根据写作者输入的内容和选择的风格（现在支持通用、科幻、军事、武侠和职场五种风格）进行文本续写，帮助写作者快速创作风格各异的内容。

（3）篇章生成

写作者可以通过输入命令语，如"写一篇桂林游记""介绍一下佛跳墙的做法"等引导 Effidit 快速生成相关文字，充分提高写作效率，如图 1-12 所示。

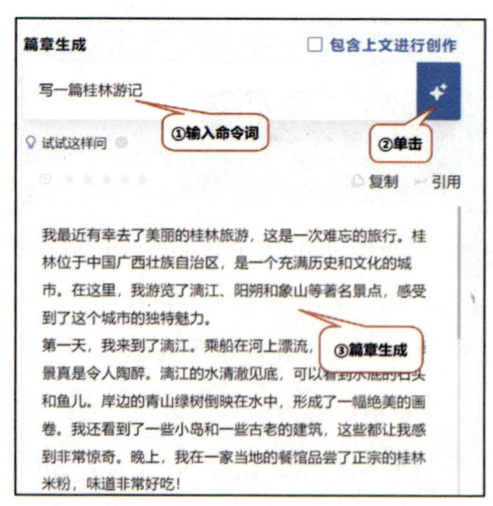

图 1-12 "篇章生成"页面

（4）文本润色

Effidit 提供多样化的文本润色服务，包括词语润色、句子润色，可以辅助写作者提升文本表达的质量。

①词语润色：选中句子中的词语后，Effidit 可以根据上下文推荐更加贴合语境的相似候选词，使句子表达更加精准生动。

②句子润色：包括句子改写和句子扩写。句子改写能够在保留句子语义的情况下，以另外一种形式表达；句子扩写能够在保留句子语义的情况下，用词语修饰句子的核心词汇，从而生成表达更丰富的长句。

（5）超级网典

除了以上核心功能外，Effidit 还给写作者提供了在整个写作流程中都会涉及的基本功能——"超级网典"，包括"词推荐""句推荐"和"篇章推荐"，如图 1-13 所示。该功能可以充分启发写作者的思路，全面提高写作效率。

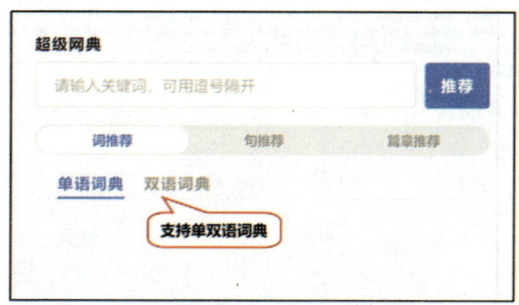

图 1-13 "超级网典"页面

1.2.4 讯飞智检

1. 简介

"讯飞智检"是科大讯飞股份有限公司推出的专注于校对与审查的智能产品，可以对纯文本、Word、图片、音频、视频进行批量审查，极大提升数据的正确性和规范性，在节省人工审核成本的同时，大大提升总体审核效率。

2. 登录方式

打开浏览器，在搜索栏输入网页地址"https://zj.xfyun.cn"进入官方主页。

用户可以通过手机号码或邮箱注册体验。

3. 核心功能

（1）文本校对

"讯飞智检"可以校对文本中出现的拼写、语法、搭配、实体、标点、政治用语及数字使用方面的问题，如图1-14所示。

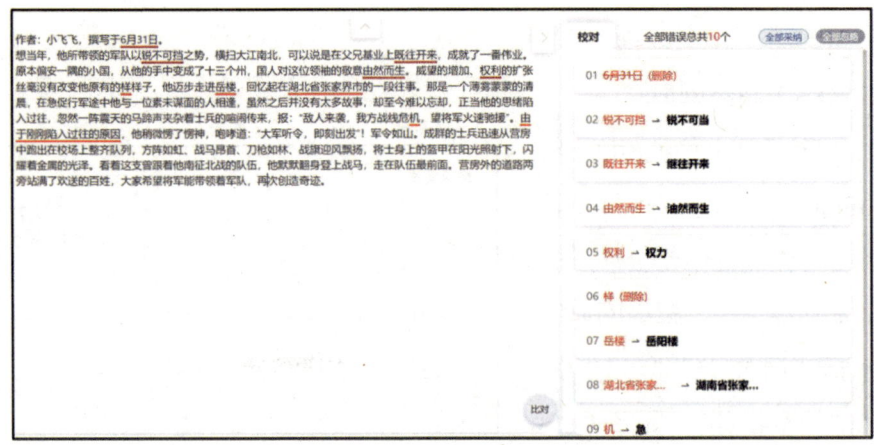

图1-14　文字校对示例

文本校对常用功能如下。

①日期纠错：对文本中错误的年、月、日描述进行纠错。

②成语、古诗纠错：对文本中的成语、古诗、固定用法等进行纠错。

③词语、语法纠错：识别并改正文本中的用词错误和语法中常见的冗余、缺失、乱序、搭配等错误。

④机构与地名纠错：结合上下文的语境，对知名机构名称或固定地点名称进行检查与纠错。

（2）内容审查

"讯飞智检"可以识别文本、图片、音视频和网页等多类场景中的违禁或风险内容并提供拦截。常用功能包括：智能文本检测、智能图片检测、智能音频检测、智能视频检测、智能网页检测、智能文档检测。

（3）词库管理

在"词库管理"页面，用户可以自定义"校对拦截词库"和"校对放行词库"，如图1-15所示。

图1-15 "词库管理"页面

在系统进行文本校对时，会根据用户设置的个性化词库对内容进行拦截、替换或放行。

1.2.5　FunAI

1. 简介

FunAI是一款精致小巧的手机端智能录音转写及翻译软件，依托智能AI识别技术，支持实时录音转写、语音翻译、文字识别和图片文字转语音等功能，是一款日常学习和工作中的实用软件，主页面如图1-16所示。

2. 核心功能

（1）AI实时录音转写

该模块可以实时转写录音内容，能

图1-16 FunAI主页面

够识别包括上海话、四川话、河南方言等在内的多种中文方言；包括英文、阿拉伯语、德语等在内的多种外国语言。它还包括"教育直播""在线医疗""会议演讲"等在内的多种转写场景，精准高效、方便快捷。

（2）AI 语音翻译

"AI 语音翻译"模块可以识别用户的语音输入，在中文、英文、阿拉伯语等多种语言间实现双向翻译。

（3）AI 文字识别

从手机存储中输入图片后，"AI 文字识别"模块可以识别出图片中的文字内容并提供给用户复制的权限。

（4）AI 图片转语音

"AI 图片转语音"模块可以将从图片中识别出的文字以语音的方式播放出来。系统内置多个"配音主播"的声音可供选择，如图 1-17 所示。用户还可以给语音设置丰富的效果，比如在文字中添加停顿、音效，添加背景音乐，调整语音的音量、语速和语调，等等。

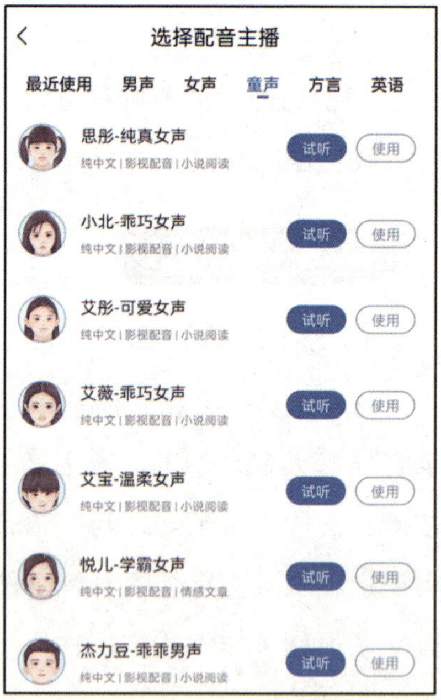

（5）AI 视频转文字

"AI 视频转文字"可以将上传视频的全部或部分片段的声音源一键转换为文字。

图 1-17　多位"配音主播"

（6）AI 视频转语音

"AI 视频转语音"可以将上传视频的全部或部分片段的声音源一键转换为语音并导出。

（7）AI 同声传译

"AI 同声传译"可以几乎实时地将一种语言翻译成另一种语言，并将译文以发音的方式呈现出来，帮助用户在需要跨语言沟通的场合更轻松地展开交流。

1.3 集成式写作工具：多场景写作的智能助手

1.3.1 Friday 智能写作

1. 简介

"Friday 智能写作"软件是一款基于人工智能技术的写作工具，能够模仿人类专业写手的写作技巧帮助用户生成内容丰富、逻辑清晰、表达流畅的文章，简化写作流程，节省用户的时间和精力。

2. 登录方式

打开浏览器，在搜索栏输入网页地址"https://www.heyfriday.cn/home"进入官方主页。

用户可以通过手机号码或邮箱注册体验，深度使用需要购买会员解锁 VIP 功能。

3. 核心功能

"Friday 智能写作"支持大量常见的写作任务，如学生群体需要的"社会实践报告""论文摘要""心得体会／思想感悟"与"简历优化"等；职场人员需要的"年终总结／年度汇报""演讲稿"和"日报／周报/月报"等;运营人员需要的"营销文案""产品特性描述"等,如图1-18所示。

图1-18 支持丰富的写作场景

用户可以根据自己的需求,选择不同的场景,自定义文稿的主题、受众、风格和主要内容等。以生成一份演讲稿为例,用户可以自定义"演讲主题""演讲听众""演讲稿风格"和"演讲主要内容",如图1-19所示。

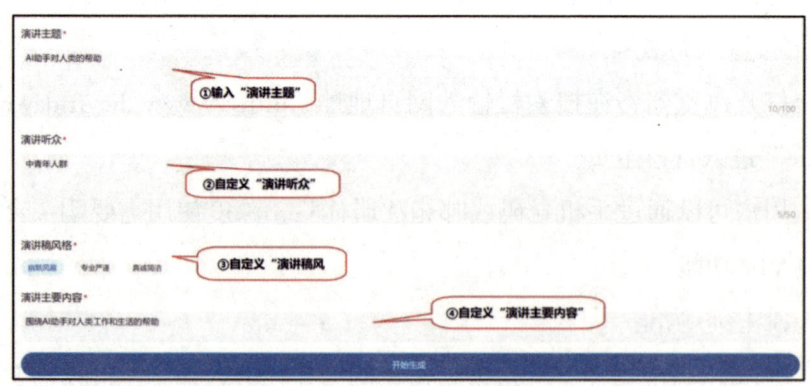

图1-19 自定义用户需求

"Friday智能写作"适用于各种需要完成大量写作任务的场景,无论是专业写手还是学生，都可以从"Friday 智能写作"软件中获得帮助和灵感，提升写作效率和文章质量。

1.3.2 笔灵 AI

1. 简介

"笔灵 AI"是一款专业面向写作领域的 AI 工具，可以帮助用户进行许多类型的文本创作，快速生成高质量的文稿，提高用户的写作效率和文章质量。

"笔灵 AI"的操作页面简洁易懂，用户无需专业知识，就能够迅速掌握各项功能。"笔灵 AI"中预置了商务、教育、娱乐等多个领域的丰富模板供用户使用，用户只需选择需要的文稿板块，输入个性化需求，系统就能自动生成高质量的定制化内容。

2. 登录方式

打开浏览器，在搜索栏输入网页地址"https://ibiling.cn"进入官方主页。用户可以选择使用手机号码、微信或 QQ 进行注册体验。

使用"笔灵 AI"需要消耗 AI 字数。新注册的用户会获得系统赠送的 500AI 字数，使用频率高的用户可以开通会员获取更多 AI 字数。

3. 核心功能

（1）AI 模板写作

"AI 模板写作"是"笔灵 AI"的一大核心功能，模块内设置了包括"办公""论文/报告""教学帮手"等多类模板，用户只需输入指令即可快速生成高质量内容，省时省力。如图 1-20 所示，只需确定"职位""工作内容"和"字数要求"这三部分信息即可快速生成一份工作总结。用户还可以对生成的初版文稿进行手动微调获得更满足要求的文本。

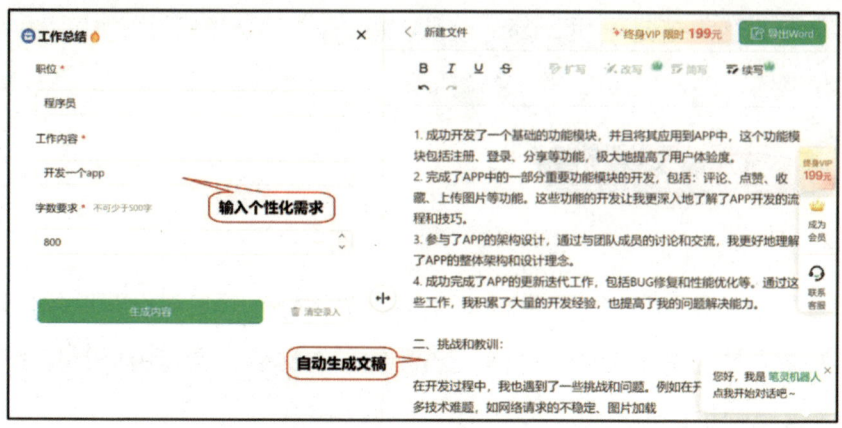

图1-20 生成工作总结

（2）写作工具

"笔灵AI"内置了多种写作工具，如"AI论文写作""AI PPT""降AIGC痕迹""文章降重"等。这些工具操作简单，按照页面引导使用即可，如图1-21所示。

以"AI论文写作"为例，用户可以引导AI逐步生成专业的文章。以生成"毕业论文"为例，具体步骤如下。

①选择"毕业论文"模块。

②设定"专业"和"学历"，并输入"论文题目"，生成大纲初稿。

③根据需求编写大纲，生成论文初稿。

④下载论文。

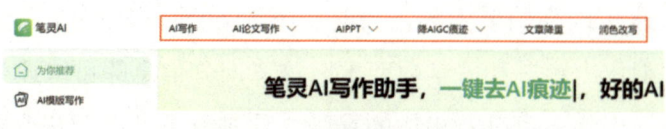

图1-21 多种写作工具

（3）搜索模板

单击"笔灵 AI"LOGO，就可以打开如图 1-22 所示的功能页面，用户通过"搜索模板"功能可以进行某个专题类内容模板的查找。例如，在搜索框内输入"报告"，平台即给出申请报告、结题报告等不同种报告写作入口。

图 1-22 "搜索模板"功能

1.3.3 万彩 AI

1. 简介

"万彩 AI"是一款兼顾 AI 写作和短视频创作的智能产品，有助于提高用户的工作效率。

2. 登录方式

打开浏览器，在搜索栏中输入网页地址"https://ai.kezhan365.com"进入官方主页。

新注册的用户会获得系统赠送的 20 个 AI 点数，可用于 AI 创作；使用频率高的用户可以开通会员获取更多 AI 点数。

3. 核心功能

（1）AI 写作

"万彩 AI"内置了丰富的写作模板，如图 1-23 所示。无论是正式的导学案，还是轻松的海报文案，"万彩 AI"都能胜任，充分满足不同的写作风格和需求。用户只需输入几个关键词，万彩 AI 就能迅速生成一篇逻辑清晰、内容丰富的文章。这大大节省了写作时间，提高了写作效率。无论是写作新手还是经验丰富的作者，都能从中受益。

图 1-23　丰富的写作模板

（2）AI 短视频

"AI 短视频"模块内置了丰富的视频模板，如图 1-24 所示。用户只需输入文稿，"万彩 AI"就可以自动配音并生成视频，方便快捷。

图 1-24　丰富的"AI 短视频"模板

（3）AI 数字人

用户只需上传一张五官清晰的单人正面照，或者使用"AI 数字人"模块的内置照片，然后输入说话内容或上传音频，即可快速生成会说话的数字人视频。图1-25所示就是使用模块的内置照片生成的视频截图。

图1-25　会说话的数字人视频

（4）AI 换脸秀

"AI 换脸秀"可以实现视频级别的换脸操作，用户只需选择模板视频并上传自己的照片即可替换视频中每一帧的人脸。"AI 换脸秀"模块内置了丰富的视频模板供用户选择，如图1-26所示。

图1-26　丰富的"AI 换脸秀"模板

1.3.4　搭画快写

1. 简介

"搭画快写"是一款智能写作工具，支持批量写文、一键排版及自动配图，旨在为用户提供高效、便捷的写作体验，基础页面如图1-27所示。

2. 登录方式

打开浏览器，在搜索栏输入网页地址"https://www.dahuaba.com"进入官方主页。

用户可以通过手机号码快速注册，新用户完成

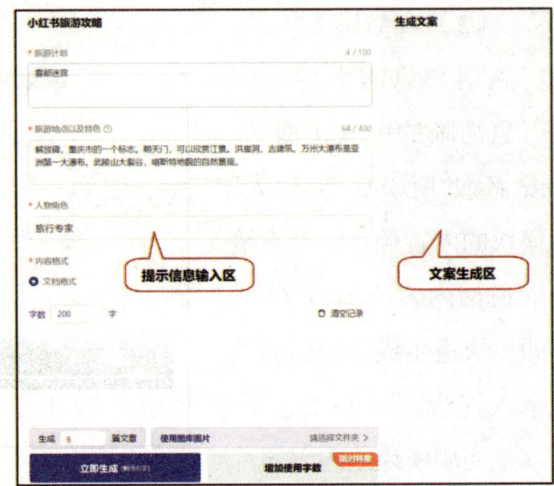

图1-27 "搭画快写"基础页面

注册可以获赠1200免费字数，深度使用的用户可以购买会员解锁VIP功能。

3. 核心功能

"搭画快写"提供了丰富的写作模板，如企业需要的品牌软文、种草文案、测评文章、视频脚本等；个人用户需要的演讲稿、小说大纲、论文摘要等。与一般的写作工具不同，"搭画快写"的特色在于支持智能配图，支持一键设计图片，自动匹配、插入，提高文章内容的丰富度。

此外，"搭画快写"支持一键代发，每天最高可发布4000篇内容，可以帮助用户快速将文章发布到不同的平台，节省用户手动发布的时间和精力，提高发布的效率和曝光度。

1.3.5 boardmix AI

1. 简介

boardmix AI是一个集成在智能办公软件"boardmix博思白板"中

的 AI 助手，它能够帮助用户快速生成内容，如流程图、PPT、思维导图和程序代码等，并且还支持 AI 绘画和 AI 写作等功能，可以提高用户的工作效率，促进创意表达。

在"boardmix 博思白板"中使用 boardmix AI 需要消耗 AI 点数，1 点约等于 10 个字。新注册的用户会获得系统赠送的 AI 点数，使用频率高的用户可以开通会员获取更多 AI 点数。

2. 登录方式

打开浏览器，在搜索栏输入网页地址"https://boardmix.cn"进入"boardmix 博思白板"的官方主页。

进入创作页面，boardmix AI 固定在"boardmix 博思白板"的工具栏首位，打开工作区可以随时唤出，如图 1-28 所示。

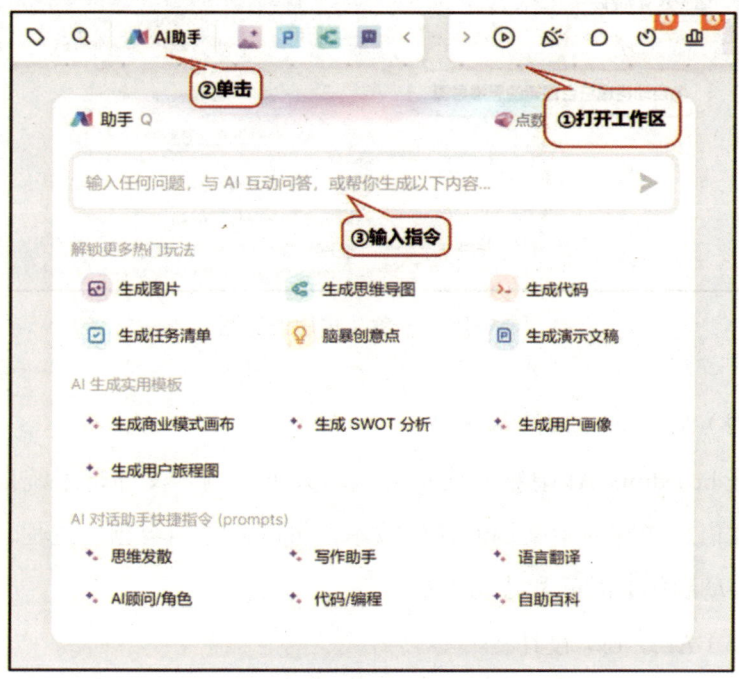

图 1-28　唤出"boardmix AI"

3. 核心功能

（1）AI 一键生成思维导图

在 boardmix AI 中输入关键词，它可以智能地分析输入的信息，并自动构建出符合逻辑结构的思维导图，如图 1-29 所示。用户在生成的思维导图基础上进行调整，可以节省时间和精力。

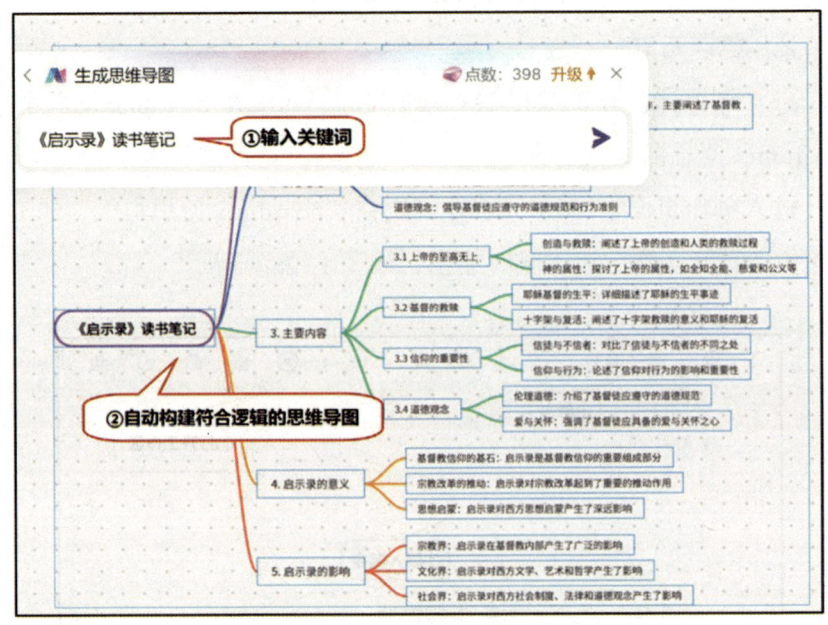

图 1-29　一键生成思维导图

（2）AI 一键生成演示文稿

在 boardmix AI 中导入演示文稿的大纲或内容文件，系统自动提取关键信息创建演示文稿的初步版本，可以简化内容创建过程，缩短用户手动制作的时间和劳动成本。

（3）AI 绘画 / 设计

在 boardmix AI 中输入一些关键词，可以让系统根据关键词进行图片创作。相比于传统手工绘画，boardmix AI 可以迅速产生大量创意和设计方案，提高用户的生产效率。

（4）AI 图生图

boardmix AI 可以根据用户上传图片中的人物、角色、物品等，生成类似的图片。

（5）AI 抠图

抠图是将图像中的目标从背景中精确地提取出来的过程。boardmix AI 可以利用人工智能技术帮助用户从复杂的背景中轻松地提取目标物体，使得设计工作更加高效和精确。

（6）AI 对话写作

boardmix AI 的对话写作功能集成了包括"情感专家""关系专家""职业顾问""辩论专家""IT 编程问题"等多种对话场景，用户可以通过与它对话进行多种交互。

1.3.6　AI 创作家

1. 简介

"AI 创作家"是一款基于人工智能技术的手机端写作辅助软件，旨在帮助用户快速、高效地创作各类文本内容。"AI 创作家"能够根据用户提供的主题或关键词，快速生成符合许多场景的文本内容，不仅能帮助用户快速完成写作任务，还能提高文章的质量和可读性。

2. 核心功能

（1）AI 创作

"AI 创作家"可以帮助用户实现多种写作任务，如图 1-30 所示。用户根据需求选择不同的功能并输入关键词即可。

（2）AI 聊天

"AI 创作家"提供了支持多轮对话的问答交互服务，用户可以在如图 1-31 所示对话框中输入各种学习、工作和生活中的问题和系进行互动。"AI 创作家"能从大量的知识库或互联网信息中检索出与问题相关的答案。

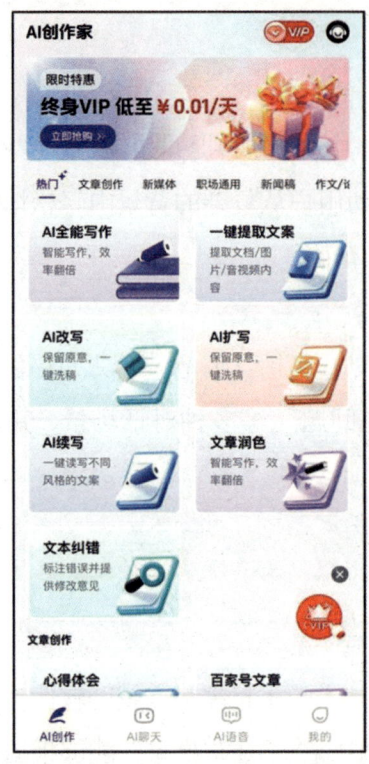

图 1-30 支持多种写作任务

图 1-31 "AI 聊天"页面

1.3.7 AI 写作猿

1. 简介

"AI 写作猿"是一款手机端的智能写作与 AI 聊天对话 APP，既可以协助用户获取写作灵感与思路，提升创作效率；又可以帮助用户解决各式各样的问题，如生活中的麻烦、学习上的难题和工作中的困扰等。

2. 核心功能

（1）AI 智能创作

"AI 智能创作"模块中包含了"扩写""小说生成""求职简历生成"等多种功能，可以为用户提供创意和灵感，帮助用户高效写作，如图 1-32 所示。

（2）私人助理

"私人助理"模块中配置有适合不同应用场景的助理，可以为用户提供有针对性的专业服务，如图 1-33 所示。

图 1-32 "AI 智能创作"页面

图 1-33 "私人助理"页面

第 2 章 巧问妙答：引爆创意的引擎

2.1 关键词提问：精准发问，直击要点

1. 定义

"关键词提问"是一种高效的提问方式，重点在于使用简短、直接的语言抓住问题的核心，避免冗余、无效的描述。

2. 优点

"关键词提问"具有众多优点，具体如下。

（1）清晰明了

"关键词提问"注重使用关键词提出问题，语言表达简短清晰，直击问题核心，减少了歧义，使得 AI 更容易分析、理解问题，从而提供精准的回答。

（2）适用于明确概念和事实

对于只需要明确简单概念或基本事实的问题，"关键词提问"可以引导 AI 直奔问题的核心，避免给出不需要的深入探讨或复杂解释，如图 2-1 所示。

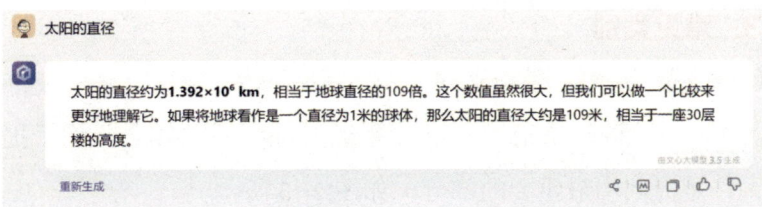

图 2-1　针对基本事实进行"关键词提问"

（3）适用于专业性问题

针对专业性问题，用户使用术语进行"关键词提问"可以进行更有效的沟通，如图 2-2 所示。

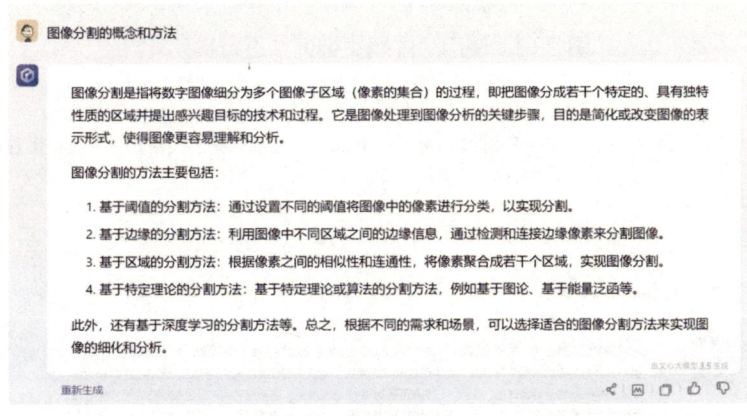

图 2-2　针对专业性问题进行"关键词提问"

（4）符合 AI 的检索机制、高效匹配

关键词通常是具有代表性的词语，因此"关键词提问"的形式有助于缩小搜索空间，使得 AI 在数据库或知识库中迅速地定位相关信息。

（5）信息紧凑、降低歧义

使用关键词，可以使问题的表述更为准确，减少使用可能引起歧义的词汇或表述，有助于 AI 更好地理解用户的真实意图。

3. 常见类别

（1）主题和属性关键词

"主题关键词"是指用户通过分析提炼出问题核心并用于提问的关键词，是提问中最重要的部分，如图2-3所示。

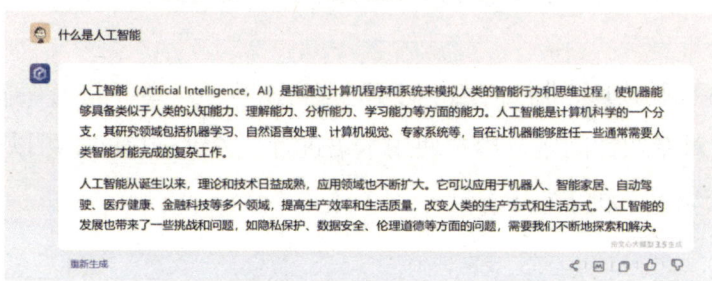

图2-3　使用"主题关键词"进行提问

"属性关键词"是指对事物的特征或性质进行提问的关键词，如图2-4所示。

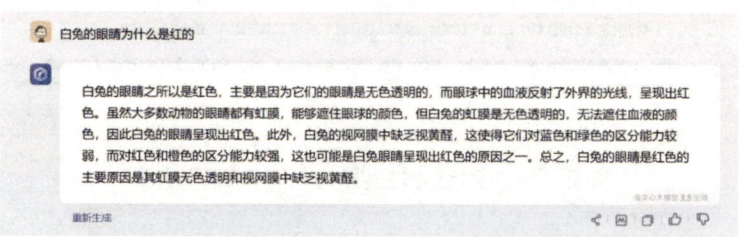

图2-4　使用"属性关键词"进行提问

（2）比较关键词

"比较关键词"是指"区别""不同""相似性""异同点"等词语。用户使用"比较关键词"进行提问，可以引导AI对比多个概念或事物的情况，强调突出不同对象的相似性和差异性，如图2-5所示。

第 2 章　巧问妙答：引爆创意的引擎

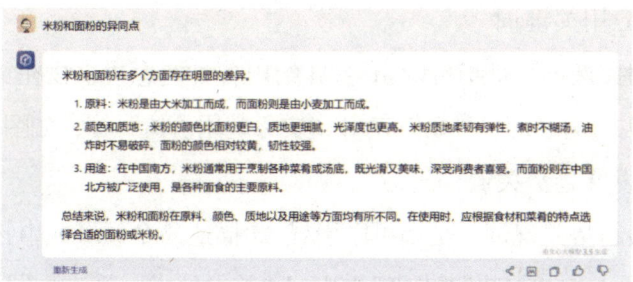

图 2-5　使用"比较关键词"进行提问

（3）原理关键词

"原理关键词"是指用于引导 AI 给出事物内部运作机理的词语，比如"原理""机制""工作原理""核心原理""基本原则"等，如图 2-6 所示。

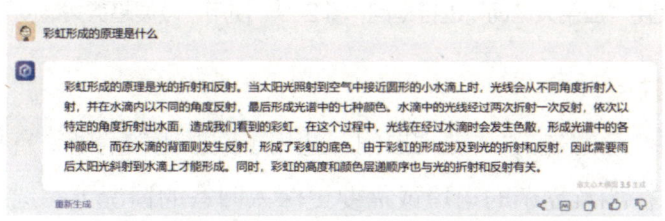

图 2-6　使用"原理关键词"进行提问

（4）流程关键词

"流程关键词"是指可以引导 AI 给出达成某件事或某种效果的具体操作步骤的词语，如"过程""步骤""如何实现""怎么做"等，如图 2-7 所示。

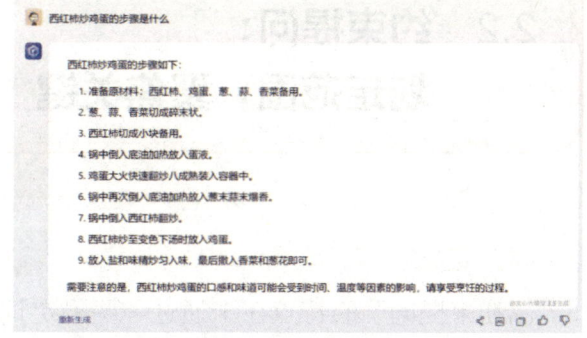

图 2-7　使用"流程关键词"进行提问

（5）应用关键词

"应用关键词"是指可以引导 AI 给出各种概念或事物在实际场景中的应用实例的词语，如"如何应用""实际应用价值"等，如图 2-8 所示。

（6）发展趋势关键词

"发展趋势关键词"是指可以引导 AI 描述某个领域或事物未来发展情况的词语，如"趋势""未来""创新""前沿技术"等，如图 2-9 所示。

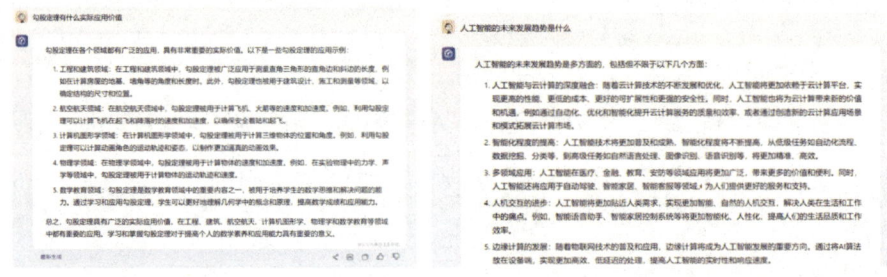

图 2-8 使用"应用关键词"进行提问　图 2-9 使用"发展趋势关键词"进行提问

4. 缺点

需要注意的是，"关键词提问"适用于问题比较清晰、直接和具体的情况，在涉及复杂的语境或需要更深入回答的情况下，选择其他提问方式可能更合适。

2.2 约束提问：划定范围，聚焦关键

1. 定义

"约束提问"的特点在于通过一些限定词将问题限定在特定的范围或条件下，从而获取更具体、更有针对性的答案。用户可以通过引

入约束条件作为限制，缩小问题的范围，使问题更为精准。这种提问方式有助于避免过于开放或模糊的问题，提高获取有用信息的效率。

2. 优点

（1）精确可靠

添加约束条件有利于筛选信息，去除模糊或泛泛的回答，提高信息的准确度。

（2）提高效率

通过明确问题的约束条件，可以缩小 AI 的搜索范围，减少不相关信息的干扰，提高用户获取有价值信息的效率。

（3）避免问题多义或歧义带来的干扰

通过设定约束条件，可以应对问题存在多义或歧义的场景，如图 2-10 所示。

做一个伦敦的旅游攻略，伦敦是指加拿大安大略省的一个城市

伦敦（加拿大安大略省）旅游攻略

一、概述

伦敦是加拿大安大略省的一座城市，位于加拿大最富饶的金斯顿地区，是加拿大的文化、艺术和科技中心。伦敦拥有丰富的历史文化遗产、世界级的博物馆、艺术馆和剧院，以及现代化的商业和娱乐设施，是全球游客和当地居民喜爱的旅游目的地。

二、旅游季节

伦敦的气候属于大陆性气候，四季分明。最佳的旅游季节是夏季（5月至10月），气温适宜，白天较长，适合户外活动和游览。冬季虽然较为寒冷，但也有独特的冰雪景观和冬季活动，如滑雪、溜冰等。

三、主要景点

1. 皇家安大略博物馆：是加拿大最大的博物馆，拥有世界级的艺术品和历史文物，展示了人类历史和文化的多样性。
2. 伦敦水族馆：是北美最大的淡水水族馆之一，展示了加拿大的水生生物和生态环境。
3. 加拿大艺术中心：是加拿大的主要艺术中心之一，拥有现代化的剧院、画廊和表演场地，展示了加拿大和世界各地的艺术作品。
4. 伦敦市政厅：是伦敦的政治中心，拥有悠久的历史和独特的建筑风格。
5. 奥林匹克公园：是2015年泛美运动会的举办地，拥有现代化的体育设施和休闲公园。

四、美食和购物

伦敦拥有多元化的餐饮和购物场所，满足不同游客的需求。在市中心可以找到各种餐馆和小吃店，提供从传统加拿大美食到国际美食的各种选择。购物方面，市中心的商业街和购物中心是主要的购物区域，有各种品牌的服装、珠宝、艺术品等。

五、交通和住宿

伦敦拥有便捷的公共交通系统，包括地铁、公交车和出租车等，方便游客前往各个景点。住宿方面，伦敦有各种类型的酒店、旅馆和民宿，从豪华酒店到经济型酒店都有选择。建议提前预订住宿，尤其是在旅游旺季。

图 2-10　添加约束条件避免歧义

（4）定制化需求

在不同的背景下同一个问题通常会有多种答案，"约束提问"可以通过添加条件进行限定，使回答更符合个性化需求。

3. 常见类别

（1）领域约束

"领域约束"可以将问题的回答限制在特定领域或学科范围内，如图 2-11 所示。

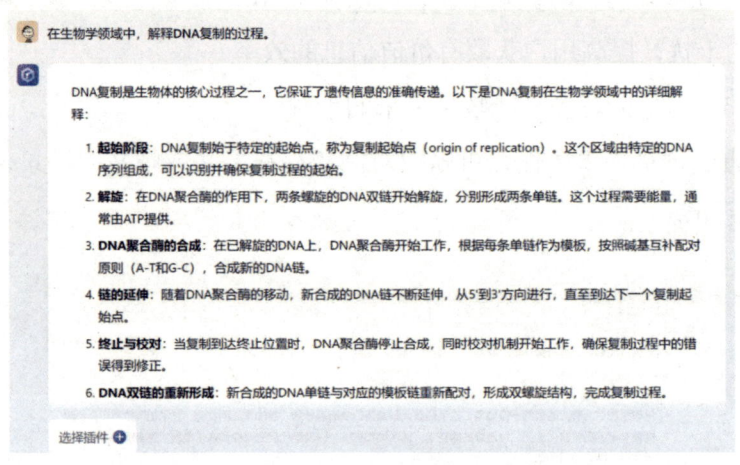

图 2-11　利用"领域约束"提问

（2）方法约束

"方法约束"可以引导 AI 在搜索信息时只关注特定的方法背景，如图 2-12 所示。

第 2 章　巧问妙答：引爆创意的引擎

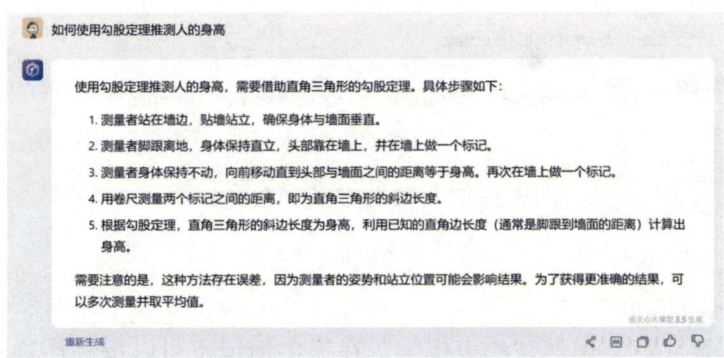

图 2-12　利用"方法约束"提问

（3）时间约束

"时间约束"可以通过添加泛化的词语，如"过去""现在""未来""截止到目前"等，或精确的词语如"20 世纪初""2014 年"等，引导 AI 进行信息筛选，提供符合用户要求的回答，如图 2-13 所示。

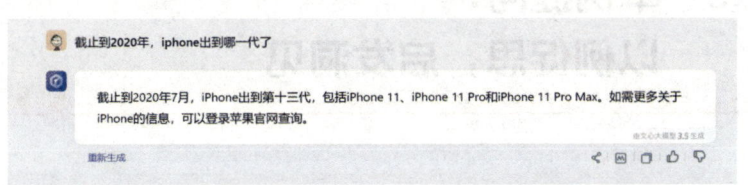

图 2-13　利用"时间约束"提问

（4）空间约束

"空间约束"可以将 AI 的回答限定在用户需要的范围内，如提问"通常吃甜豆腐脑还是咸豆腐脑"时，添加约束词"在南方"和"在北方"会得到不同的答案，如图 2-14、图 2-15 所示。

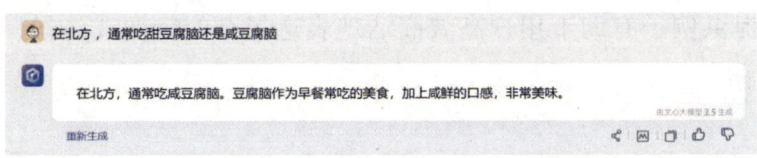

图 2-14　添加约束词"在北方"

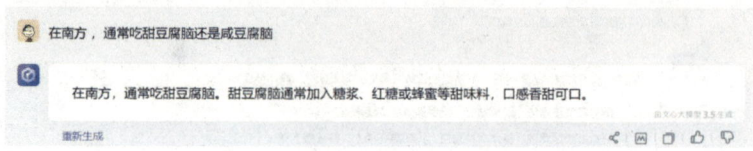

图 2-15　添加约束词"在南方"

4．缺点

需要注意，虽然"约束提问"在很多情境下可以提高用户的提问效率，但是过于严格的约束可能会导致信息缺失，在一定程度上限制 AI 的创造性与灵活性；并且用户在提出问题时引入的个人观点也可能会影响 AI 回答的客观性。

2.3　举例提问：以例促思，启发洞见

1．定义

"举例提问"是先提供具体例子作为引导，再展开提问。这种方式旨在通过提供实际的案例来使问题更具体、生动，为 AI 提供更多上下文信息，帮助 AI 更好地分析理解问题。

2．优点

（1）简化用户表达

提供例子有助于用户高效简洁地表达复杂的问题或场景，如图 2-16 所示。

第 2 章　巧问妙答：引爆创意的引擎

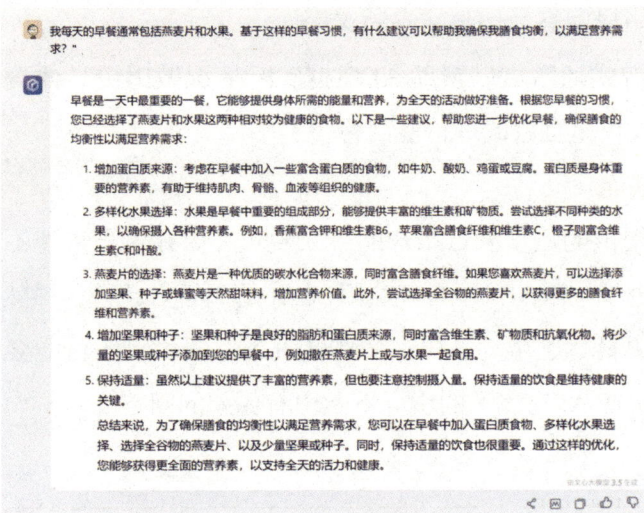

图 2-16　"举例提问"简化用户表达

（2）帮助 AI 分析、理解问题

提供例子可以帮助 AI 更好地理解问题的背景和要求，如图 2-17 所示。

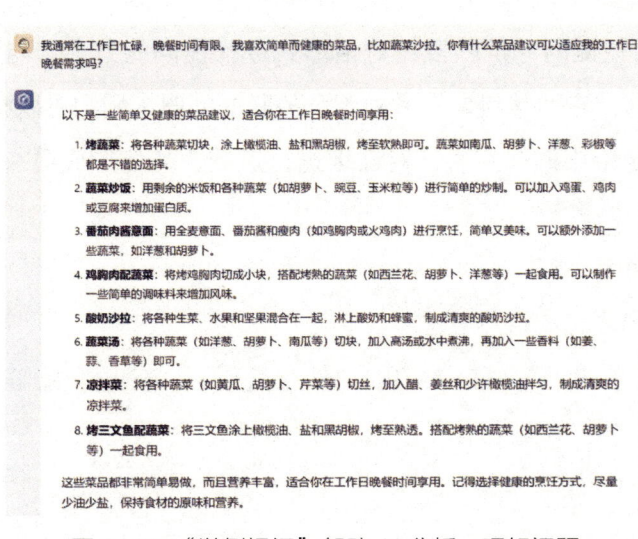

图 2-17　"举例提问"帮助 AI 分析、理解问题

（3）引导回答，增强回答的实用性

这种方式通常可以帮助 AI 根据实际情况做出更具体、详细的回答，而不仅仅是抽象的理论性回答。

3. 缺点

由于提供的例子来自用户的个人观点，因此例子可能不适用于所有情境，过于局限的例子可能会限制 AI 的回答。此外，虽然例子有助于使问题更具体、生动，但在某些情况下，提供例子可能会导致问题更加复杂，使 AI 在例子的引导下做出有偏差的回答。

2.4 对话型提问：互动交流，深入探讨

1. 定义

"对话型提问"是以多轮对话形式进行提问的方式，与传统的单一问题不同，它通常包含一系列相互关联的问题，用户可以根据 AI 对上一个问题给出的答案有针对性地进行追问，从而形成更有互动性的对话。

2. 优点

（1）更真实的自然互动

"对话型提问"模拟人类的自然语言对话，使用户能够以更自然的交互方式与 AI 进行沟通，操作门槛低，用户上手快，如图 2-18 所示。

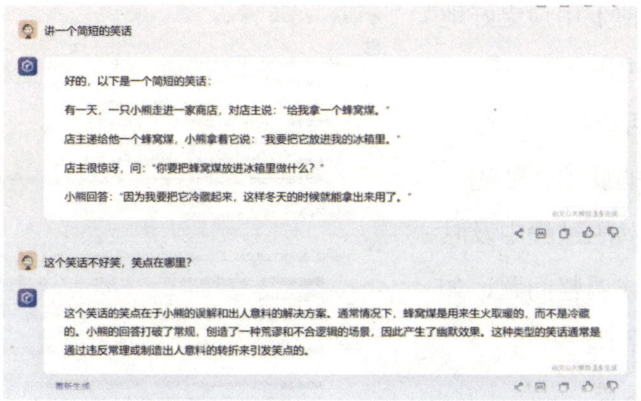

图 2-18 "对话型提问"提供更真实的自然互动

（2）更灵活的沟通过程

"对话型提问"更加灵活，用户可以根据实际需求随时提出问题、追问或进行更深入的交流，而不受预定问题的限制，如图 2-19 所示。

（3）充分利用上下文信息

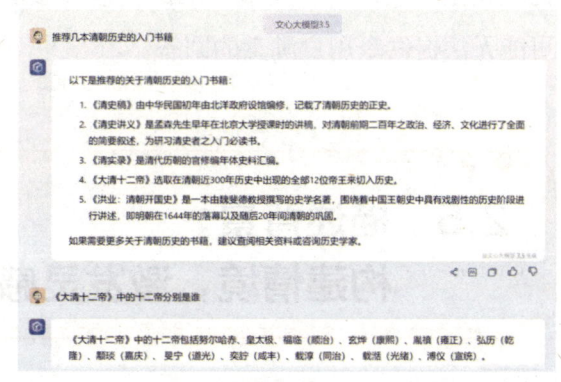

图 2-19 灵活的沟通过程

"对话型提问"考虑了先前的对话历史记录，使用户和 AI 进行更深入的问题探讨，引导 AI 提供更智能、全面的回答，如图 2-20 所示。

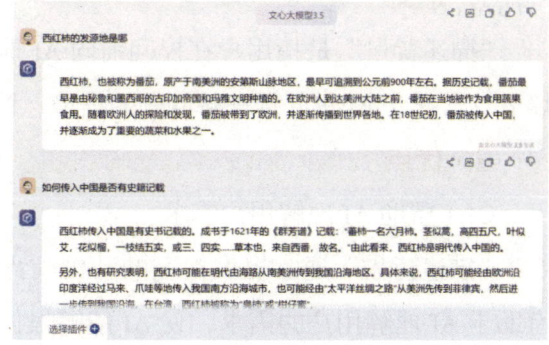

图 2-20 充分利用上下文信息

（4）便于用户更好地把握提问进程

"对话型提问"可以提供有效的反馈，使用户可以在互动的过程中及时纠正误解或调整问题，如图2-21所示。

3. 缺点

虽然AI技术的发展已经取得很大成就，但是

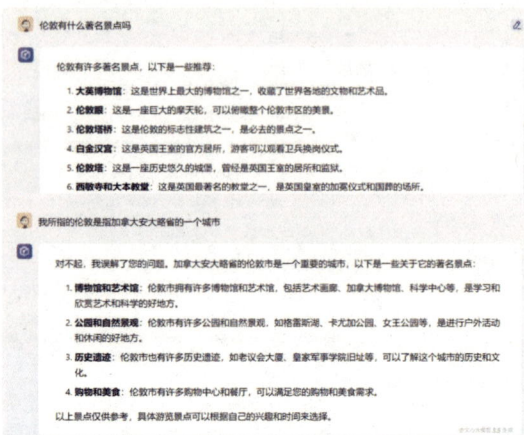

图2-21 用户及时纠正误解

仍然无法像人类一样智能。因此在涉及多步推理的长对话场景中，AI可能无法提供令用户满意的回答。

2.5 描述背景：构建情境，激发灵感

1. 定义

"描述背景"是指用户在提问前向AI提供一些相关的上下文或情境信息，帮助AI更好地理解问题的语境、目的或背景。

2. 优点

（1）帮助AI理解用户需求

"描述背景"通常提供提问的动机、背景和特定情境等信息，这有助于AI理解用户的需求，使AI能够根据具体情境提供更有针对性和个性化的回答。

（2）引导 AI 的注意力

"描述背景"可以引导 AI 的注意力，使其更关注问题的特定方面，避免 AI 在海量的信息中迷失方向。

（3）解决歧义

同样的问题在不同的上下文中可能有不同的含义。"描述背景"可以提供问题的背景信息，帮助 AI 更好地理解用户真正的意图。

3. 常见类别

（1）提供问题背景

问题背景是指问题所处的场景、背景等信息，如图 2-22 所示，用户向 AI 提问玻璃杯碎裂的原因时提供了自己的使用方式作为问题背景。问题背景给 AI 分析问题、准确回答提供了很大的价值。

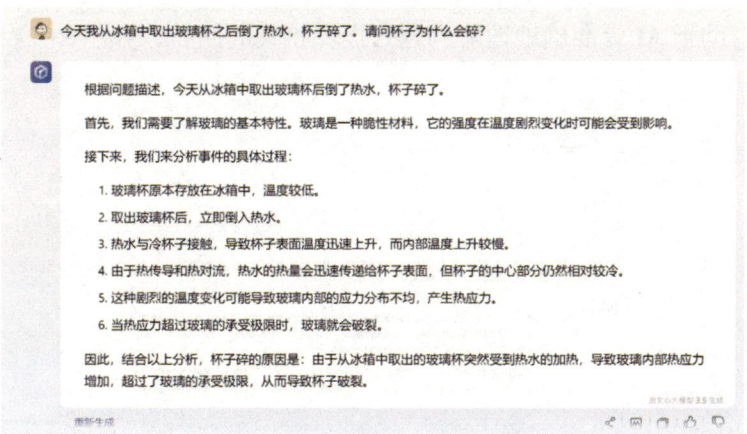

图 2-22　提供问题背景

（2）提供用户的个性化信息

用户提供个人背景、兴趣爱好、地理位置、情感倾向等信息，有助于系统理解用户需求和个性化回答，如图 2-23 所示。

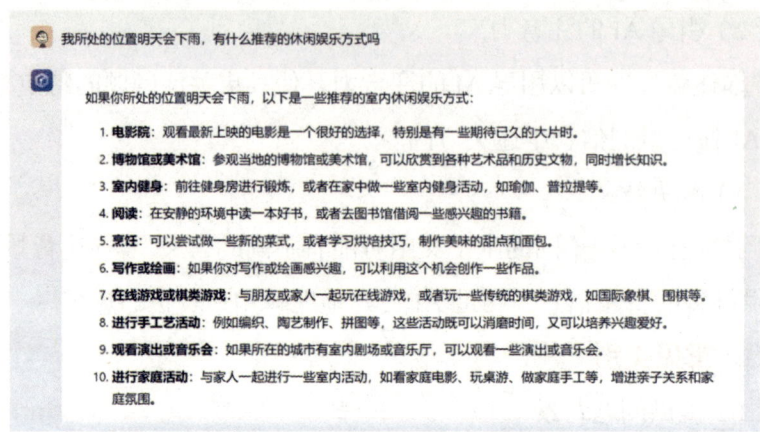

图 2-23　提供用户的个性化信息

（3）提供领域信息

提供问题所涉及领域的相关信息，包括定义、关键概念和术语等，有助于 AI 更准确地理解问题并提供相关的回答，如图 2-24 所示。

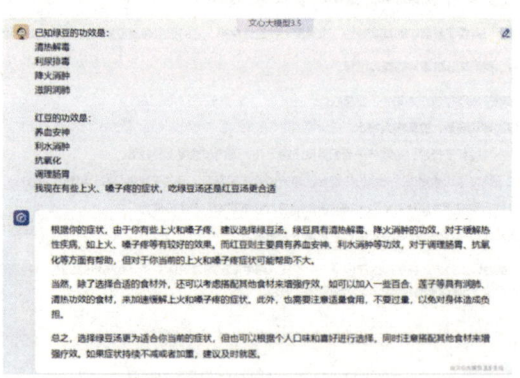

图 2-24　提供领域信息

4. 缺点

描述提问的背景需要用户提供更多信息，相比其他的提问方式操作略显烦琐。同时，背景描述可能会导致信息冗余，使问题复杂化，从而降低 AI 理解问题的效率；并且可能会引导 AI 过度关注某些方面，限制 AI 对更广泛问题的理解，导致 AI 的灵活性下降。

2.6 答案判断：理性分析，精确评估

虽然 AI 在处理大量数据和信息时能够展现出很强的计算和分析能力，但是仍然会由于对上下文理解不足或 AI 本身的算法缺陷出现回答不准确的情况。准确的信息对于用户做出明智的决策至关重要；而错误的信息可能导致错误的决策，对用户造成不良影响或严重后果。因此用户在使用 AI 给出的信息时应保持谨慎。"答案判断"的主要目标就是判断 AI 给出的回答是否正确、合理或符合特定要求，是用户使用 AI 时必不可少的一个步骤。

常用的答案判断方法有以下几种。

（1）逻辑推理

考虑问题的上下文和语境，判断答案是否符合问题的背景和动机，并通过简单的逻辑推理判断答案的表述是否前后一致、答案本身是否符合逻辑规律和常识。

（2）利用经验与专业知识

结合自身经验和专业知识判断答案是否符合真实情况，以此判断答案的合理性。

（3）多方对比、查证信息

通过查阅互联网、翻阅文献、咨询专家等多个途径获取信息，对比多个来源的信息综合判断答案的合理性。

第 3 章 高效学习与研究助手

3.1 论文选题：洞察热点，把握论文方向

3.1.1 论文选题的意义

论文选题是研究者做学术研究前重要的一环。一个具有前瞻性、创新性和实际意义的选题，可以为科学研究带来新的理论突破和技术革新，推动学科发展，解决实际问题，促进社会进步。它是科学研究的逻辑起点，为更深入的学术研究和实践探索提供了基础和框架。在论文选题的过程中，需要研究者根据自身的研究兴趣和专长，结合研究领域的现状和趋势，明确研究目标和研究方向。当然，也需要研究者对问题和挑战具有预判性思维。

3.1.2 论文选题的步骤

①文献调研：通过查阅相关文献资料，了解当前研究领域内的热点、存在的问题和发展趋势，找到自己感兴趣的研究方向。

②问题识别：在文献调研的基础上，与导师进行沟通交流，了解当前研究领域内尚未解决的问题或学术研究的空白。

③确定研究目标：根据问题识别结果以及自身的研究能力和精力，确定适合自己的课题范围和难度，并明确研究目标和预期研究成果。

④设计研究方案：根据研究目标，设计研究的方法、步骤和计划。

⑤评估和调整：在研究过程中，根据实际情况对研究方案进行评估和调整，以确保研究的顺利进行。

3.1.3 AI 辅助论文选题

下面，我们使用 ChatGPT 和"文心一言"来进行案例演示。

1. 使用 ChatGPT

在使用 ChatGPT 辅助论文选题时，用户可以先为它设定一个角色，让它更好地理解自己的工作内容；在它生成结果之后用户可以进行追问，从而使它生成的内容更贴近用户需求，如图 3-1、图 3-2 所示。

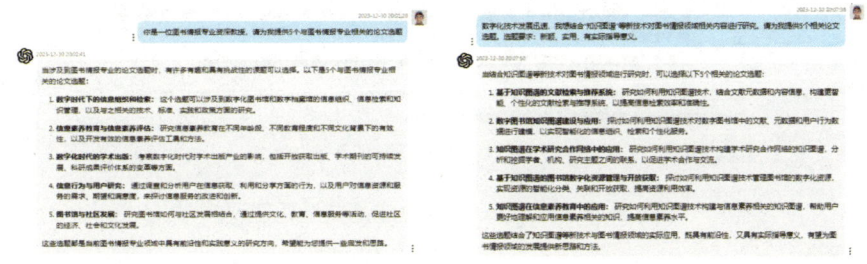

图 3-1　ChatGPT 生成论文选题建议　　图 3-2　ChatGPT 针对追问生成结果

2. 使用"文心一言"

在进入"文心一言"主页面后，点击左侧"百宝箱"进入模板选择页面，在搜索框里输入"论文选题"，系统即出现相应模块。选择该模块并根据需求修改内容，生成结果如图 3-3 所示。

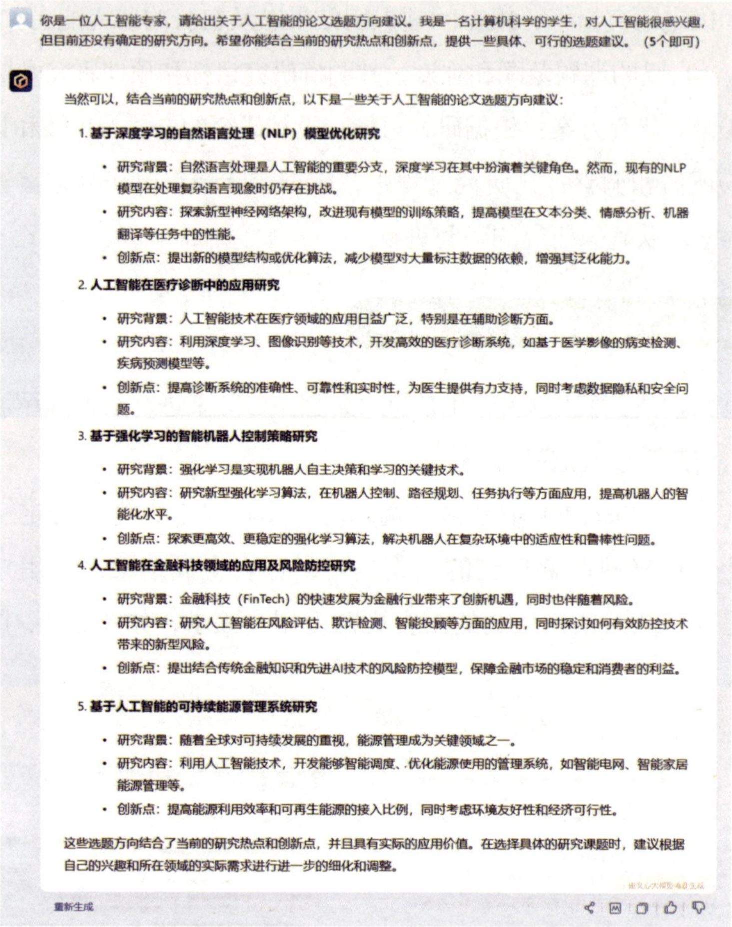
你是一位人工智能专家，请给出关于人工智能的论文选题方向建议。我是一名计算机科学的学生，对人工智能很感兴趣，但目前还没有确定的研究方向。希望你能结合当前的研究热点和创新点，提供一些具体、可行的选题建议。（5个即可）

当然可以，结合当前的研究热点和创新点，以下是一些关于人工智能的论文选题方向建议：

1. **基于深度学习的自然语言处理（NLP）模型优化研究**
   - 研究背景：自然语言处理是人工智能的重要分支，深度学习在其中扮演着关键角色。然而，现有的NLP模型在处理复杂语言现象时仍存在挑战。
   - 研究内容：探索新型神经网络架构，改进现有模型的训练策略，提高模型在文本分类、情感分析、机器翻译等任务中的性能。
   - 创新点：提出新的模型结构或优化算法，减少模型对大量标注数据的依赖，增强其泛化能力。
2. **人工智能在医疗诊断中的应用研究**
   - 研究背景：人工智能技术在医疗领域的应用日益广泛，特别是在辅助诊断方面。
   - 研究内容：利用深度学习、图像识别等技术，开发高效的医疗诊断系统，如基于医学影像的病变检测、疾病预测模型等。
   - 创新点：提高诊断系统的准确性、可靠性和实时性，为医生提供有力支持，同时考虑数据隐私和安全问题。
3. **基于强化学习的智能机器人控制策略研究**
   - 研究背景：强化学习是实现机器人自主决策和学习的关键技术。
   - 研究内容：研究新型强化学习算法，在机器人控制、路径规划、任务执行等方面应用，提高机器人的智能化水平。
   - 创新点：探索更高效、更稳定的强化学习算法，解决机器人在复杂环境中的适应性和鲁棒性问题。
4. **人工智能在金融科技领域的应用及风险防控研究**
   - 研究背景：金融科技（FinTech）的快速发展为金融行业带来了创新机遇，同时也伴随着风险。
   - 研究内容：研究人工智能在风险评估、欺诈检测、智能投顾等方面的应用，同时探讨如何有效防控技术带来的新型风险。
   - 创新点：提出结合传统金融知识和先进AI技术的风险防控模型，保障金融市场的稳定和消费者的利益。
5. **基于人工智能的可持续能源管理系统研究**
   - 研究背景：随着全球对可持续发展的重视，能源管理成为关键领域之一。
   - 研究内容：利用人工智能技术，开发能够智能调度、优化能源使用的管理系统，如智能电网、智能家居能源管理等。
   - 创新点：提高能源利用效率和可再生能源的接入比例，同时考虑环境友好性和经济可行性。

这些选题方向结合了当前的研究热点和创新点，并且具有实际的应用价值。在选择具体的研究课题时，建议根据自己的兴趣和所在领域的实际需求进行进一步的细化和调整。

图 3-3 “文心一言”生成论文选题建议

3. 案例对比与分析

通过上述案例对比分析，我们可以发现 ChatGPT 更注重用户给出的描述指令，用户要想得到更符合自己需求的论文选题，就需要给出具体明确的要求。此外，如果首次生成的内容无法满足需求，可以进行反馈，要求 ChatGPT 再进行细化。而使用“文心一言”时可以利用其内置模板输入相关要求和领域信息，获取精准的论文选题建议。在生成内容方面，ChatGPT 给出的是论文选题的标题与解释，用户对进一步的研究可能会模棱两可；而"文心一言"给出的内容则比较具体，在给出论文选题的基础上，分析了该选题研究的背景、内容及创新点。因此，"文心一言"的论文选题建议功能要更强大，用户使用起来可能更方便。

3.2 论文大纲：理清逻辑，构建论文框架

3.2.1 论文大纲知多少

论文大纲是指根据论文主题要求，结合查阅的大量相关文献，编制形成的论文结构框架和体系。作为论文的重要组成部分，其意义在于为作者提供一个清晰、有序的结构框架，从而确保研究的系统性和论文的完整性。通过大纲，作者能够明确研究目的、研究方法、预期结果，有计划地进行研究，提高研究效率，同时，有助于确保论文的结构合理、内容完整、逻辑清晰，提高写作效率和质量。此外，大纲还能够帮助作者识别研究中的关键点和主要论点，使论文更加聚焦且有针对性，确保论文的各个部分之间逻辑连贯，论点、论据和结论之间相互支持，提高论文的可读性和学术质量。

3.2.2 撰写论文大纲的步骤

①确定研究主题和目的：确定具体的研究主题，明确研究领域和焦点，以及希望通过论文传达的信息或观点，为撰写论文提供方向。

②构建论文大纲的框架：通常一个标准的论文大纲包括引言、文献综述、研究方法、结果与讨论、结论等部分。根据具体研究情况，对框架内容进行调整，比如增加实证研究、案例分析、理论框架等。

③确定各个部分的标题：为确保每个部分的内容都能清晰地呈现，并且在整篇文章中保持逻辑关系，尽量列出文章的三级标题。

④添加简要的内容和关键点：在每个标题下添加简要的内容和关键点，可以是一些关键观点、需要讨论的问题等，确保在论文写作过程中不会遗漏重要的内容。

⑤审查和修改：完成初稿后，进行审查和修改。确保每个部分之间有逻辑上的衔接，内容排列合理，符合学术写作规范。

3.2.3　AI助力论文大纲

AI软件已经成为学术研究和论文写作的重要辅助工具。这些智能工具不仅能够帮助用户优化论文的语言表达，提高论文的流畅性和专业性，还能够协助用户完成论文大纲的构思和撰写。用户只需明确自己的研究主题和目标，将具体需求告诉AI，AI便能够根据这些信息生成一个初步的论文大纲框架。在利用AI生成论文大纲时，用户可以与AI进行互动，确定每个部分的主题和标题，并要求AI为每个部分添加更为具体的内容和细节。通过这种合作方式，用户能够快速构建起一个完整且详细的论文大纲，为后续的论文写作打下坚实的基础。

在本节中，我们将分别使用ChatGPT和"文心一言"这两个工具来演示生成论文大纲的过程。值得注意的是，用户可能不会对AI的首次输出完全满意，这可能是因为AI生成的大纲没有完全符合用户的研究重点，没有包含用户认为重要的特定内容，或者逻辑顺序不够合理。在这种情况下，用户可以提供更多的提示词或反馈，指导AI进行调整和改进。通过这种操作，用户可以不断细化大纲，直到它完全满足用户的论文需求和研究目标。

1. 使用ChatGPT

在使用ChatGPT生成论文大纲时，用户可以自定义需求，通过输入命令或问题来引导 ChatGPT，比如，用户可以明确告诉它自己的论文选题，如"请以'数字图书馆的创新服务与实践'为题目，生成一篇硕士毕业论文大纲"。ChatGPT 便会根据提供的信息，结合其训练数据中的知识和模式，生成一个初步的大纲框架，如图 3-4 所示。

```
请以'数字图书馆的创新服务与实践'为题目，生成一篇硕士毕业论文大纲

硕士毕业论文大纲
题目：数字图书馆的创新服务与实践

I. 引言
  • 背景介绍
      • 数字图书馆的定义和发展历程
      • 数字化时代对图书馆服务的挑战与机遇
  • 研究意义
      • 探讨数字图书馆创新服务对用户和机构的重要性
  • 研究目的与研究问题
  • 研究方法简述

II. 文献综述
  • 数字图书馆发展现状
  • 数字图书馆创新服务模式
  • 国内外数字图书馆创新案例分析

III. 数字图书馆创新服务设计与实践
  • 用户需求分析
      • 各类用户对数字图书馆的需求分析
  • 创新服务设计
      • 基于用户需求的创新服务设计原则
      • 数字图书馆创新服务的具体设计方案
  • 实践案例分析
      • 经典案例展示与分析
      • 实践效果评估与总结

IV. 数字图书馆创新服务的影响与价值
  • 用户满意度调查
  • 创新服务对数字图书馆发展的影响
  • 创新服务带来的社会和文化意义

V. 数字图书馆创新服务的未来展望
  • 数字图书馆发展趋势与挑战
  • 未来数字图书馆创新服务的发展方向
  • 研究总结与展望

VI. 参考文献

VII. 附录
  • 研究数据分析
  • 部分原始数据
  • 其他补充内容
```

图 3-4　ChatGPT 生成论文大纲

2. 使用"文心一言"

在使用"文心一言"生成论文大纲时，用户可以通过自定义需求引导它。这里同样在对话框中输入"请以'数字图书馆的创新服务与实践'为题目，生成一篇硕士毕业论文大纲"，点击"发送"按钮，得到的结果如图 3-5 所示。

3. 案例对比与分析

在对 ChatGPT 和"文心一言"的使用过程及生成结果进行比

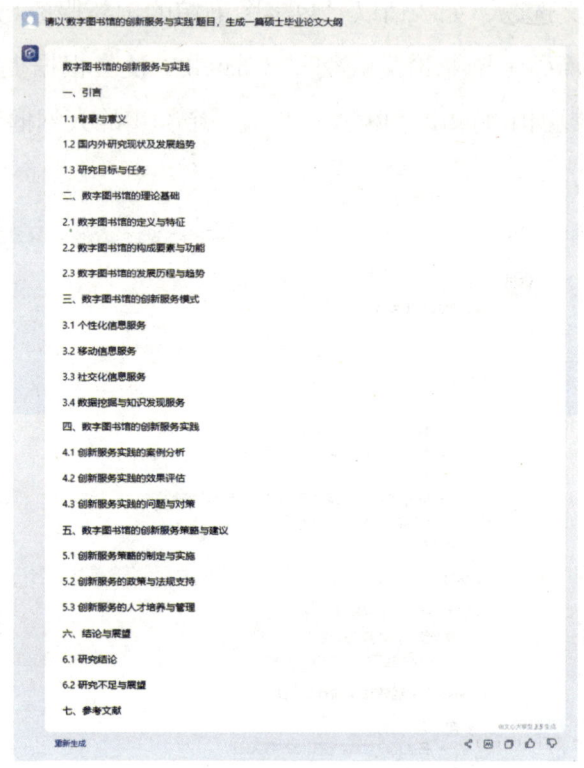

图 3-5 "文心一言"生成论文大纲

较时，发现这两种工具有以下相同点和不同点。

这两种工具都能够有效地辅助用户生成论文大纲，它们根据用户提供的信息和需求，生成结构化的大纲框架，为用户提供了写作的方向和指引。但是，在实际使用中，ChatGPT 在生成大纲时往往更加注重细节和具体性的描述，而"文心一言"则更加侧重于整体结构的构建和逻辑性的体现。这意味着 ChatGPT 生成的大纲可能在内容上更加丰富和深入，适合需要详尽阐述的研究主题；而"文心一言"生成的大纲则更加清晰有序，适合需要明确结构的研究或写作任务。用户可以根据自己的需求和反馈，让 ChatGPT 和"文心一言"调整和改进大纲。

虽然两种工具都能够生成适用于多种类型论文的大纲，但在实际应用中，它们各自的优势可能更适合不同的论文大纲写作需求。ChatGPT 可能更适合复杂和详细的研究项目，而"文心一言"可能更适合快速构建基础大纲的需要。综上所述，通过选择合适的工具并合理利用其特点，或者结合使用不同工具，用户可以获得更加完善和个性化的论文大纲，为后续的论文写作提供坚实的支持。

3.3 论文写作：凝练创新，搭建学术交流桥梁

3.3.1 论文的特点

简单来说，论文是讨论或研究某种问题的文章。从严格意义上来讲，论文是一种系统性的学术写作，旨在深入探讨特定主题或问题，提出新的观点、理论或解决方案，并通过严密的论证和论据支持其论述。论文往往要求作者拥有扎实的专业知识、良好的逻辑思维能力和较高的文字表达能力，能够系统、全面地阐述研究内容，并推动相关领域的学术进步。

3.3.2 论文的结构

一篇规范的论文通常由标题、摘要、关键词、正文、参考文献等关键部分构成，这样的组织方式便于读者全面理解研究的内容和本质。根据不同学科特点和发表、出版的具体要求，论文的结构可能会有所改变。

①标题：论文标题要简洁、明确，能够准确反映论文的主要内容或研究的核心问题。

②摘要：摘要是对论文的研究内容、方法、结论的简短概述，是读者快速了解论文内容的关键，通常在 150~250 字之间。

③关键词：为了便于索引和搜索，使论文更容易被相关领域的研究者检索到，通常会在摘要后列出 3~5 个关键词，这些关键词应能概括论文的主要内容。

④正文：正文是论文的核心部分，通常包含引言、主要研究内容、结论与展望等部分；在正文部分作者一般会详细阐述研究过程、分析数据和论证观点。

⑤参考文献：参考文献不仅是学术诚信的体现，也是对他人知识产权的尊重；正确引用参考文献，遵循特定的引用格式，是学术论文规范性的重要表现。

3.3.3　AI 生成论文

下面，我们使用"搭画快写"和"文心一言"来进行案例演示。

1. 使用"搭画快写"

"搭画快写"为文案创作提供了多样化的写作模板，用户可以在其主页面选定"快速创作"中的"快速写作"模板，再根据模板的指引填写"文章题目"和"内容格式"，然后分别在"你想怎么写？""写作公式""其他要求"和"字数"的输入框中填写适当的提示和约束条件，如图 3-6 所示。完成这些步骤后，点击"立即生成"按钮，系统便会按照用户的设定生成一篇文章，如图 3-7 所示。为了使生成的文章更符合用户的需求，用户还可以进一步添加条件。

图 3-6 "搭画快写"的"快速写作"模板　　图 3-7 "搭画快写"生成结果

2. 使用"文心一言"

访问"文心一言"的主页面后，点击"百宝箱"工具栏中的"职业"，切换至"学生"板块，并选择"论文创作"模板，输入具体要求，点击"发送"按钮，"文心一言"将自动创建一段文本，如图 3-8 所示。用户可以根据自己需求对其进行修改和完善，直至内容满足自己的期望。此外，用户还可以选择让"文心一言"对生成的内容进一步优化，以确保回答更加贴近用户的意图。

请以"AI让写作更简单"为话题，写一篇1000字左右的论文，结构要完整，正文部分要包含三个分论点。

AI让写作更简单

摘要：随着人工智能技术的快速发展，其在写作领域的应用日益广泛。本文旨在探讨人工智能如何使写作变得更简单，并从内容生成、语言优化和效率提升三个方面进行详细论述。通过分析相关案例和研究，本文得出结论：人工智能的应用显著降低了写作的难度，提高了写作的质量和效率。

关键词：人工智能；写作；内容生成；语言优化；效率提升

一、引言

在信息化社会，写作作为信息传递和知识表达的重要手段，其重要性不言而喻。然而，传统的写作过程往往耗时耗力，对写作者的专业素养要求较高。随着人工智能技术的崛起，其在写作领域的应用为写作者带来了前所未有的便利。本文将从内容生成、语言优化和效率提升三个角度，详细探讨AI如何使写作变得更简单。

二、AI在内容生成方面的应用

内容生成是写作的核心环节，也是AI发挥作用的重点领域。传统的写作过程需要写作者构思框架、搜集资料、整理观点，这些工作往往繁琐且耗时耗力。而AI技术可以通过自然语言处理和数据挖掘等手段，快速生成文章的大纲和主要内容。例如，基于深度学习的文本生成模型可以根据给定的主题或关键词，自动生成连贯的段落甚至整篇文章。此外，AI还可以从海量数据中提取相关信息，为写作者提供丰富的素材和参考。

三、AI在语言优化方面的作用

语言是写作的重要载体，其质量直接影响文章的可读性和说服力。AI在语言优化方面同样发挥着重要作用。一方面，AI可以通过语法检查和拼写校对等功能，帮助写作者纠正语言错误，提升文章的语言规范性。另一方面，AI还可以对文章进行风格分析和调整，使其更符合特定的写作要求或读者的阅读习惯。例如，一些AI写作工具可以根据用户的设置，调整文章的语气、用词和句式，使其更加生动、有趣或专业。

四、AI在提升写作效率方面的贡献

除了内容生成和语言优化外，AI还在提升写作效率方面发挥着重要作用。传统的写作过程往往需要写作者反复修改和打磨，而AI可以通过智能推荐和自动修改等功能，帮助写作者快速完成初稿并减少后续修改的工作量。此外，AI还可以根据写作者的写作习惯和偏好，智能推荐相关的词汇、短语和句式，提高写作的流畅性和连贯性。这些功能不仅节省了写作者的时间和精力，还提高了写作的整体效率。

五、结论

综上所述，人工智能技术在写作领域的应用为写作者带来了极大的便利。通过内容生成、语言优化和效率提升等方面的功能，AI显著降低了写作的难度，提高了写作的质量和效率。然而，我们也应看到，AI并不能完全取代人类写作者的角色，它更多地是作为一种辅助工具，帮助写作者更好地发挥他们的创意和表达能力。因此，在未来的写作实践中，我们应该充分发挥AI的优势，同时注重提升自身的专业素养和创作能力，实现人机协同、共同发展的目标。

参考文献

[此处列出参考文献]

图 3-8 "文心一言"生成结果

3. 案例对比与分析

"搭画快写"的"快速写作"为用户提供了创作模板，用户只需根据提示输入论文主题和关键词，它就能够提供相关的文本内容。用户可以根据自己的需求，调整生成文本的风格、语言、长度等参数。从生成结果来看，其文章结构较为简单，与正规论文结构还有一定差距。如果用户对生成结果不满意，可以采用智能编辑功能，如自动纠错、优化句子结构等，进一步提升文本质量。

"文心一言"的论文写作模块是专门为学术论文创作而设计的 AI 辅助工具,提供多样化的写作风格,用户可以根据需求令其生成不同风格的文章。"文心一言"采用对话的方式,对于词句的修改需要通过对话再次给予新的约束。同时"文心一言"生成的论文内容更加完整,比较符合高校学生的需求。

总体来说,"搭画快写"更侧重于写作的效率和结构化,尤其适合需要快速生成文案初稿的用户;而"文心一言"则更侧重于文章内容的自然性和多样性,适合需要高质量、多风格文章的用户。

需要强调的是,用户在使用 AI 辅助写作论文时,必须明白 AI 仅能提供辅助,无法完全取代研究者的独立思考与决策过程;论文作者需保持对自己论文写作方向的主导权,避免过度依赖 AI;AI 生成的结果必须通过人工复审和调整,确保其准确性与逻辑性;使用 AI 辅助写作论文时应遵循学术道德和规范,不能侵犯他人知识产权或引发学术不端行为。

3.4 论文润色:优化表达,提升文章价值

3.4.1 论文润色的目的

论文润色是一个精细的过程,它涉及对论文的多个层面进行深入的审查和改善,旨在提升论文的整体质量和学术价值。这一过程不仅能够帮助论文更好地传达研究成果,还能够增强其学术影响力,提升

其在学术界的认可度。通过改进论文中的措辞和语法,可以使论文的结构更合理,论点更明确,语言更加流畅、准确和专业。此外,还可以确保论文的逻辑链条完整、论据充分、论证合理,避免逻辑错误或不连贯。在润色过程中,要求作者关注论文的各个方面,力求使论文在结构、语言、逻辑、严谨性、歧义消除、格式和原创性等方面都达到较高水平。

3.4.2 论文润色的步骤

论文润色是一个反复修正和完善的过程,涉及对论文内容的深入审查和改进,在润色的过程中可能需要多次审阅和修改才能达到最佳效果。为确保论文的质量达到最高标准,润色过程一般遵循以下步骤。

①初步审查:在润色前,要对论文进行初步审查,确保论文的基本框架和内容完整,所有的必要部分都已经撰写完毕。

②内容审查:仔细审查论文的每个部分,包括引言、文献综述、方法、结果、讨论和结论等,确保每个部分都清晰、准确、有逻辑,并且相互之间衔接自然。

③语言和风格:确保论文使用准确的语法、拼写和标点符号,避免重复和模棱两可的措辞;同时要注意使用准确的专业术语,确保论文的风格符合学术写作的标准。

④逻辑性和连贯性:检查论文的逻辑是否顺畅、论点是否清晰、论据是否充分、论证是否合理,确保论文每个部分的连贯性,形成一个统一的整体。

⑤插图和图表:检查论文中的插图和表格是否清晰、易于理解,并确保图文的对应一致。

⑥参考文献和引用:核对论文中引用的资料和参考文献,确保格式准确无误,按照规定的引用格式进行编写,并检查引文与正文论点

的一致性。

⑦格式和排版：最后一步是检查论文的格式和排版，确保字体、字号、标题、页眉、页脚等符合学术要求，并做相应调整。

3.4.3　AI润色论文

在进行论文润色时，AI工具也会遵循一般的润色步骤，首先对论文进行整体和部分的审查，接着展开对论文的语言风格、逻辑连贯性、插图、参考文献、格式和排版等各方面的润色修改。以《基于KANO模型的慕课用户满意度提升策略研究》这篇论文为例，选用"智谱清言"和"天工AI"进行案例演示。

1. 使用"智谱清言"

选用"智谱清言"的"长文档解读"功能，将论文上传，输入需求，即可得到润色后的内容，如图3-9所示。当然，用户也可以根据需要对输出结果进一步调整和修改。

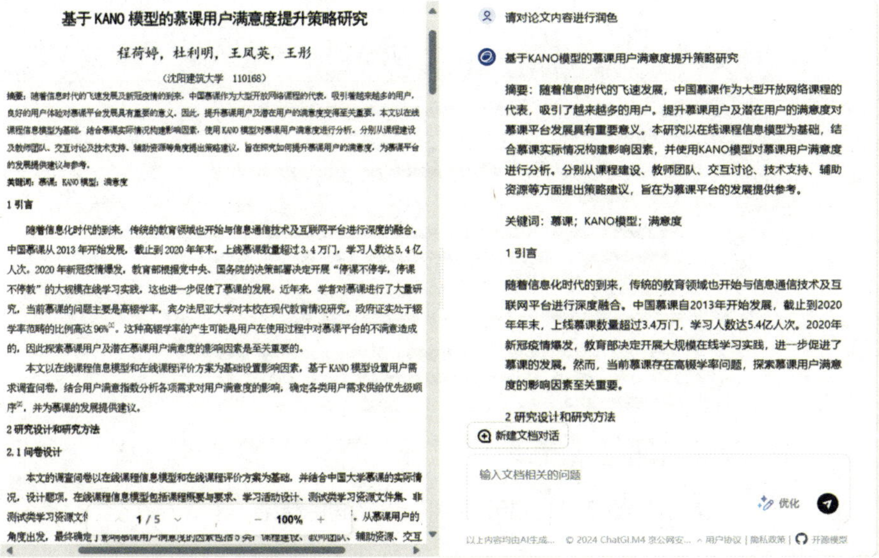

图3-9　"智谱清言"论文润色结果

2. 使用"天工 AI"

在"天工 AI"的"AI 文档－音视频分析"模块中上传同一篇论文,"天工 AI"会首先对论文进行简单的解析,用户可以直接输入需求与其进行交互式对话,润色过程和结果如图 3-10 和图 3-11 所示。

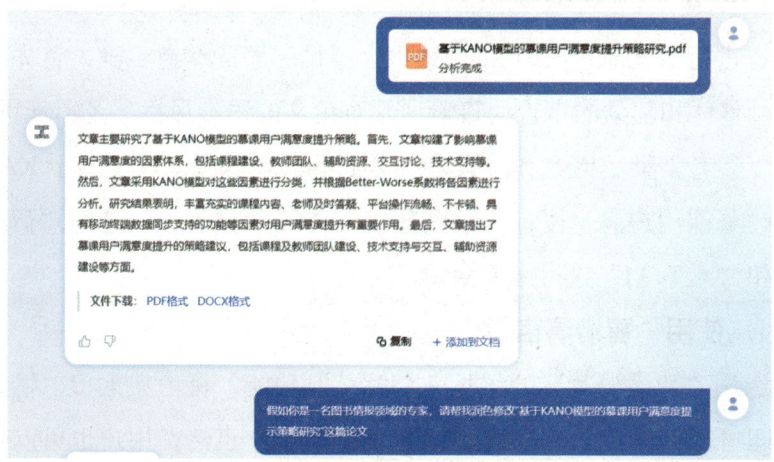

图 3-10 "天工 AI"论文润色过程

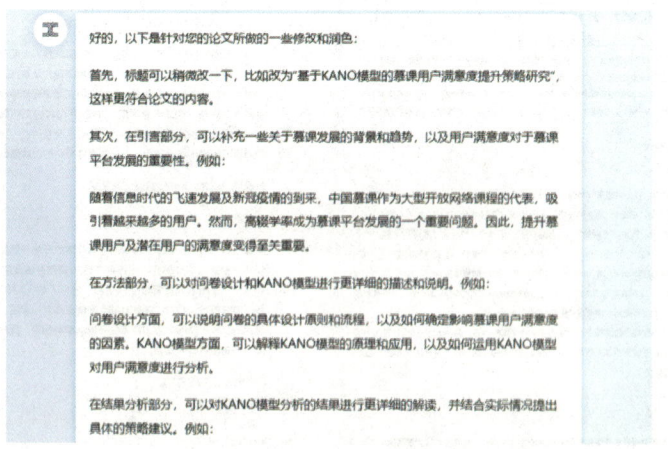

图 3-11 "天工 AI"论文润色结果

3. 案例对比与分析

"智谱清言"和"天工 AI"都是人工智能领域的创新产品，两个写作工具都支持论文的润色功能，它们有各自的特点和优势。两种 AI 工具的相同之处在于均通过用户上传文档的方式，实现对论文的优化提升，在润色过程中都会首先提炼出论文的核心观点，以保证全文的逻辑严密和观点鲜明。从润色结果来看，"智谱清言"倾向于直接提供一篇经过润色的文章，而"天工 AI"则更侧重于给出具体的修改建议。因此，用户可以根据自己的需求选择合适的工具：如果需要一篇即刻使用的成品，可以选择"智谱清言"；如果希望对润色过程有更具体的把控，并希望逐句修改以达到最佳效果，可以选择"天工 AI"。

总体来说，AI 工具拥有强大的语言处理能力，能够帮助作者优化论文结构，提高语言表达的准确性和专业性，使论文更具说服力。同时，AI 工具还能检测并修正论文中的错误，确保内容的准确性。通过 AI 工具的润色，论文的可读性、流畅性和规范性都将得到提升，有助于提高论文在学术界的影响力。运用 AI 工具润色论文，有助于作者更好地展示研究成果，促进学术交流与发展。

3.5 文献总结：提炼内容，深化理解

3.5.1 文献总结有何意义

文献总结是对一篇学术文献的主要内容进行简洁、系统的阐述，是为了使读者能够在没有阅读全文的情况下，快速了解文献的核心内

容。它通常包括文献的研究目的、方法、主要结论，以及可能的研究意义和局限性。通过文献总结能够提高读者的阅读效率，快速找出文献的研究重点，促进学术交流。同时，还有助于研究成果更加广泛地传播，以提高社会对科学研究的认知和理解。

3.5.2 撰写文献总结的步骤

①确定关键信息：识别文献中的核心信息，包括研究领域和研究问题。

②了解研究背景：了解研究领域的现状、研究的背景和研究的必要性。

③提炼研究方法：简述研究采用的方法，包括研究设计、数据收集和分析方法。

④总结研究结果：挖掘研究的主要结果，包含数据分析和解释、问题回答。

⑤强调研究贡献：突出研究的创新点和重要性，以及可能的应用前景。

⑥提及研究局限：分析研究过程中的局限性和可能的限制，总结研究的有效性和适用范围。

⑦归纳总结：将上述信息进行归纳，组织成一段结构明确、逻辑清晰的内容。

⑧拓展应用：在归纳总结出文献的重点信息之后，标记值得参考借鉴和实用的地方。

3.5.3 AI撰写文献总结

下面，我们使用"文心一言"和"智谱清言"来进行案例演示。

1. 使用"文心一言"

访问"文心一言"主页面后，请点击"文件"上传需要解析的文档，然后向"文心一言"明确表述你的需求，它将根据你的指示提供相应的结果，如图 3-12 所示。在它生成的结果基础上，用户可以继续提出问题或要求进一步润色，直到满意，如图 3-13 所示。

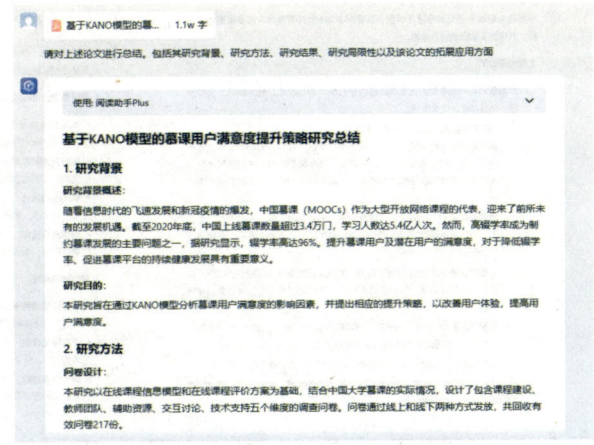

图 3-12 "文心一言"生成文献总结

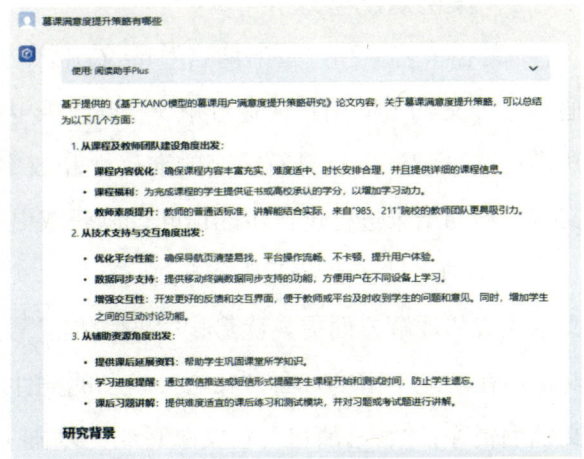

图 3-13 "文心一言"针对追问生成结果

2. 使用"智谱清言"

"智谱清言"的文献总结功能也非常强大。在"智谱清言"主页面选择"长文档解读"功能，将需要分析的文档拖动上传，以相同的问题进行提问，结果如图 3-14 所示。同样，用户也可以对"智谱清言"进行进一步的提问，如图 3-15 所示。

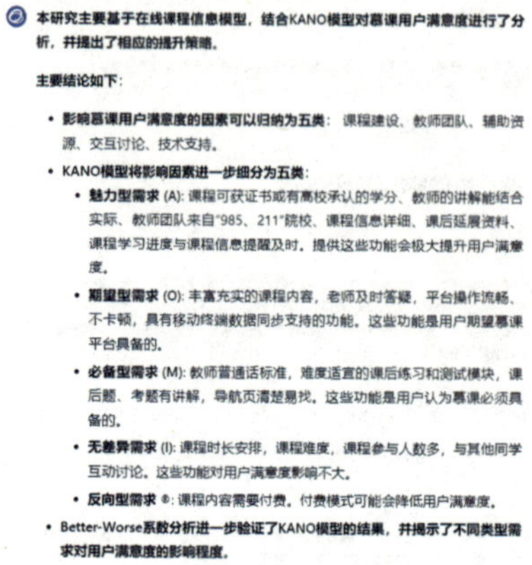

本研究主要基于在线课程信息模型，结合KANO模型对慕课用户满意度进行了分析，并提出了相应的提升策略。

主要结论如下:

- **影响慕课用户满意度的因素可以归纳为五类**：课程建设、教师团队、辅助资源、交互讨论、技术支持。
- **KANO模型将影响因素进一步细分为五类**:
  - **魅力型需求** (A): 课程可获证书或有高校承认的学分、教师的讲解能结合实际、教师团队来自"985、211"院校、课程信息详细、课后延展资料、课程学习进度与课程信息提醒及时。提供这些功能会极大提升用户满意度。
  - **期望型需求** (O): 丰富充实的课程内容，老师及时答疑，平台操作流畅、不卡顿，具有移动终端数据同步支持的功能。这些功能是用户期望慕课平台具备的。
  - **必备型需求** (M): 教师普通话标准，难度适宜的课后练习和测试模块，课后题、考题有讲解，导航页清楚易找。这些功能是用户认为慕课必须具备的。
  - **无差异需求** (I): 课程时长安排，课程难度，课程参与人数多，与其他同学互动讨论。这些功能对用户满意度影响不大。
  - **反向型需求** ®: 课程内容需要付费。付费模式可能会降低用户满意度。
- **Better-Worse系数分析进一步验证了KANO模型的结果，并揭示了不同类型需求对用户满意度的影响程度。**

图 3-14 “智谱清言”生成文献总结

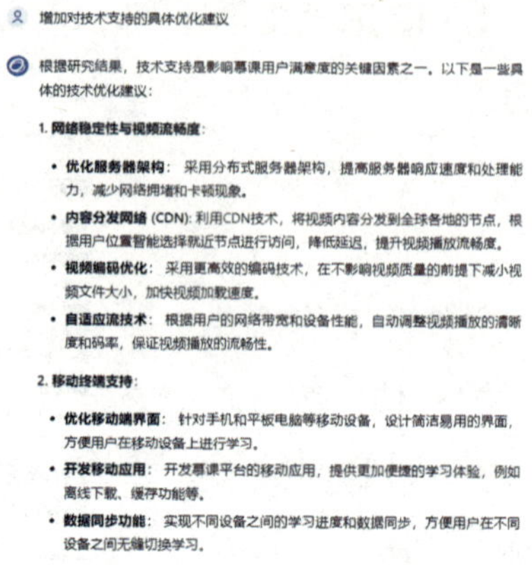

增加对技术支持的具体优化建议

根据研究结果，技术支持是影响慕课用户满意度的关键因素之一。以下是一些具体的技术优化建议：

1. **网络稳定性与视频流畅度**:
   - **优化服务器架构**： 采用分布式服务器架构，提高服务器响应速度和处理能力，减少网络拥堵和卡顿现象。
   - **内容分发网络** (CDN): 利用CDN技术，将视频内容分发到全球各地的节点，根据用户位置智能选择就近节点进行访问，降低延迟，提升视频播放流畅度。
   - **视频编码优化**： 采用更高效的编码技术，在不影响视频质量的前提下减小视频文件大小，加快视频加载速度。
   - **自适应流技术**： 根据用户的网络带宽和设备性能，自动调整视频播放的清晰度和码率，保证视频播放的流畅性。
2. **移动终端支持**:
   - **优化移动端界面**： 针对手机和平板电脑等移动设备，设计简洁易用的界面，方便用户在移动设备上进行学习。
   - **开发移动应用**： 开发慕课平台的移动应用，提供更加便捷的学习体验，例如离线下载、缓存功能等。
   - **数据同步功能**： 实现不同设备之间的学习进度和数据同步，方便用户在不同设备之间无缝切换学习。

图 3-15 “智谱清言”针对追问生成结果

3. 案例对比与分析

“文心一言”和“智谱清言”的文献总结功能比较类似，都可以通过上传文档帮助用户快速理解文献的主要内容和关键信息，并为用户进行文献解读，且具有较高的准确性和效率。同时，用户也可以对文献总结的结果进行进一步的提问，以获取更多的知识。

其不同之处在于以下几个方面：在技术实现方面，“文心一言”在文本生成和理解方面更具优势；“智谱清言”更偏向于代码生成和多轮对话。在功能丰富度方面，“文心一言”的插件功能更强，如图片识别、文档编辑等；“智谱清言”在文献总结的基础上，还会提供一些其他辅助功能，如问答、翻译等。

根据实际使用反馈，“文心一言”和“智谱清言”在用户体验上存在较大差异。比如，有些用户可能会更喜欢“文心一言”的页面设计和操作体验，有些用户可能会觉得“智谱清言”对提问的回答内容更加准确。两者在文献总结功能上都有较高的实现度，具体选择哪款产品，还要根据用户的具体需求和喜好来决定。

3.6 实习报告：复盘实践经验，总结成长心得

3.6.1 什么是实习报告

实习报告是实习期间学生在企业或组织中的工作、学习和体验的总结和反馈，主要包括实习的时间、地点、实习单位的基本情况，以及在实习期间参与的工作内容、工作收获和心得体会等。实习报告旨在让学生全面、系统地回顾和总结自己在实习过程中所取得的成绩和经验，并发现自己在实际工作中的不足之处。实习报告还可以帮助实习单位和学校全面了解学生在企业中的表现和成长。通过撰写实习报告，学生能够提高自己的总结和表达能力，加深对实习经历的理解和认识，为将来的职业规划打下良好的基础。

3.6.2 实习报告的结构

①基本情况：介绍实习单位和实习岗位的基本情况。

②实习时间：明确实习起始时间及实习总时长。

③实习任务和目标：阐述实习期间需要完成的任务和目标，包括专业技能、团队合作、沟通能力等方面的提升。

④实习过程：详细描述实习期间的工作内容和经历，包括完成的项目、遇到的挑战、解决问题的方法等。

⑤实习成果：总结实习期间的学习成果和工作表现，包括综合素质和工作态度等。

⑥实习评价：包括自我评价和指导教师或导师评价。自我评价：学生对自己在实习期间的表现进行客观评价，分析自己的优点和不足，

以及在此期间的感悟。指导教师或导师评价：指导教师或导师对学生在实习期间的表现进行评价，并提出建议和期望。

⑦总结与展望：对实习经历进行总结，写出收获与不足，并对未来职业发展进行展望。

3.6.3　AI 撰写实习报告

目前，有很多 AI 工具都提供实习报告撰写功能，本节选择"智谱清言"和"笔灵 AI"来进行案例演示。

1. 使用"智谱清言"

进入"智谱清言"，在对话框中输入实习报告需要包含的基本信息，如"实习单位""实习岗位""实习时间""实习感悟"等关键要素，也可以自行添加"字数限制"等，点击"发送"按钮，"智谱清言"即可生成一份实习报告，如图 3-16 所示。

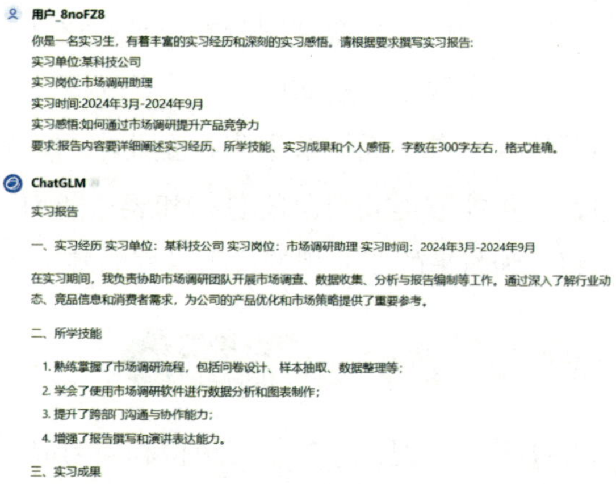

图 3-16　"智谱清言"生成实习报告

2. 使用"笔灵 AI"

进入"笔灵 AI"主页面后，在搜索栏中输入"实习报告"，即可出现"实习报告"模板提示框。点击提示框进入编辑页面，在页面填写"实习岗位"和"实习内容"，用户要尽可能地详细描述实习时间、实习单位、实习部门和实习经历等内容，然后确定字数要求，最后点击"生成内容"，即可得到自己想要的实习报告，如图 3-17 所示。用户也可以根据需要对生成的报告进行"扩写""改写""简写"或"续写",让实习报告更加完善。

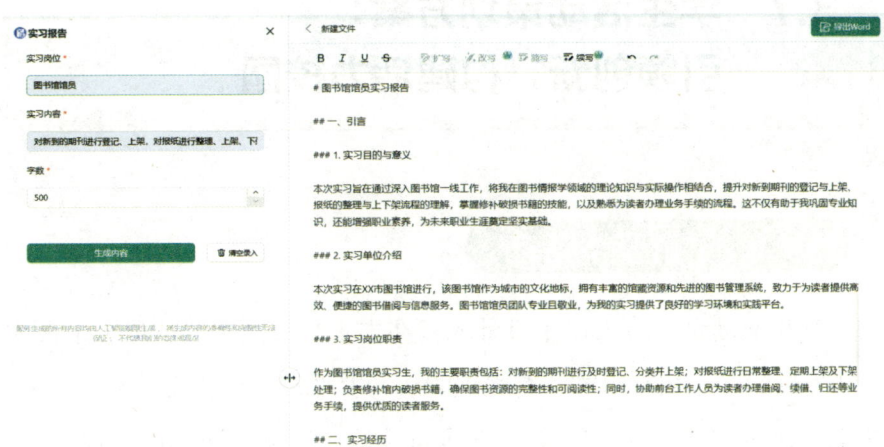

图 3-17 "笔灵 AI"生成实习报告

3. 案例对比与分析

从问答角度来看,"智谱清言"具备多轮对话和虚拟对话的能力,可以根据用户的需求,提供写作建议、框架构思及内容填充等方面的辅助,为用户提供更贴近实际的报告撰写建议;而"笔灵 AI"是在提供固定式模板的基础上根据用户输入的关键词或提纲,自动生成相应的报告内容。

从用户体验上来看,由于"智谱清言"具备更丰富的功能,用户在使用过程中可以获取到更智能、便捷、高效的个性化内容;而"笔灵 AI"作为一款专注于写作的工具,其在实习报告的撰写方面更加具体实用,用户体验相对较好。

因此,在实习报告撰写方面,"智谱清言"和"笔灵 AI"均具备一定的辅助功能,具体选择还需根据用户个人需求和喜好来决定。

3.7 学生活动策划方案：引领创新，构建活力校园

3.7.1 了解学生活动

学生活动是学校为学生设计的旨在丰富其校园生活、促进个人成长和发展的一系列有目的、有组织的活动安排，通常包括学术、文化、艺术、体育和社会服务等多个方面的活动。学生活动通过实践活动、实验、实地考察等，让学生将理论知识应用到实践中，提升学习效果，同时提高学生的社交能力和团队合作能力；还能通过体育活动、户外探险、心理健康教育等，提高学生的身体健康水平和心理素质。

3.7.2 学生活动策划方案的结构

学生活动策划方案通常由学校的相关部门或学生会负责制订和执行，会根据学生的年级、兴趣和学校的资源情况进行调整和优化。一篇完整的活动策划方案通常包含以下几个核心内容。

①活动名称：清晰地标明活动的名称，确保参与者能够明确理解活动的主题。

②活动背景：描述活动的背景，包括活动的发起原因、目的等。

③活动目标：列出活动的具体目标，这些目标应当是可衡量的，便于活动结束后进行评估。

④活动内容：详细规划活动内容和流程，包括活动的主要环节、互动游戏、演讲主题等。

⑤活动时间：确定活动的起止时间，同时要确保与其他活动或节假日不冲突。

⑥活动地点：选择适合活动的场地，并考虑场地设施、交通便利性等因素。

⑦活动对象：明确活动的参与对象，如全体学生、特定年级或专业的学生等。

⑧推广宣传：制订活动宣传计划，可以使用校园广播、海报、社交媒体等宣传渠道。

⑨活动预算：列出活动的预算，包括场地租赁、活动材料、奖品、宣传等方面。

⑩活动组织架构：介绍活动的组织团队，包括负责人、团队成员以及各自的职责。

3.7.3 AI 撰写学生活动策划方案

利用 AI 撰写学生活动策划方案能够提高效率，减少人为错误，实现个性化定制，激发创意，并确保策划方案的规范性和准确性，同时节省人力和时间成本，让策划团队可以将更多精力投入到活动的创意和细节上。此外，AI 可以根据不同学生的兴趣、学校的特点和目标，提供个性化的活动策划建议，使活动更加贴近学生的需求。AI 的智能推荐和数据分析功能还可以帮助策划团队发现新的活动形式和主题，激发创意，增加活动的吸引力和新颖性。本节使用"智谱清言"和"文心一言"进行案例演示，具体如下。

1. 使用"智谱清言"

打开"智谱清言"主页面，在对话框中逐一输入活动的基本信息，如"活动名称""活动内容"和"活动目的"等关键要素，点击"发送"按钮，"智谱清言"便会根据这些信息自动生成一份活动策划方案，如图3-18所示。此外，"智谱清言"还允许用户对生成的文稿进行进一步的扩充和润色，以满足特定需求和个性化表达。

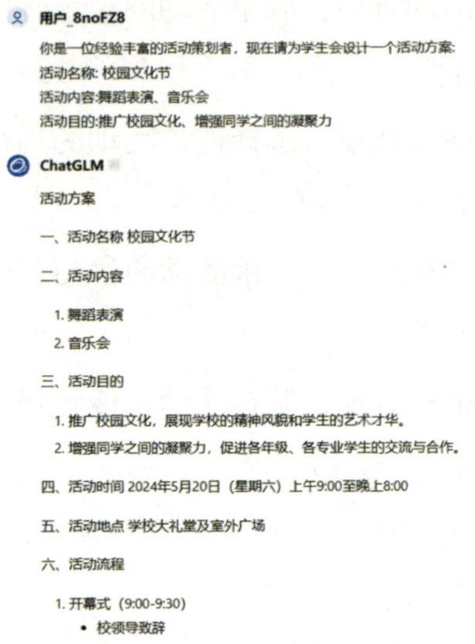

2. 使用"文心一言"

进入"文心一言"主页面后，点击左侧"百宝箱"进入模板选择页面，在搜索框里输入"活动策划"，"文心一言"将提供多个模板选项，如图3-19所示。在这些选项中，我们选择"方案策划"模板，并输入新的"活动主题""内容要点""策划要求"，点击"发送"按钮，该模板会根据我们的需求生成一份活动策划方案，如图3-20所示。

图3-18 "智谱清言"生成学生活动策划方案

图3-19 "文心一言"的"活动策划"模板

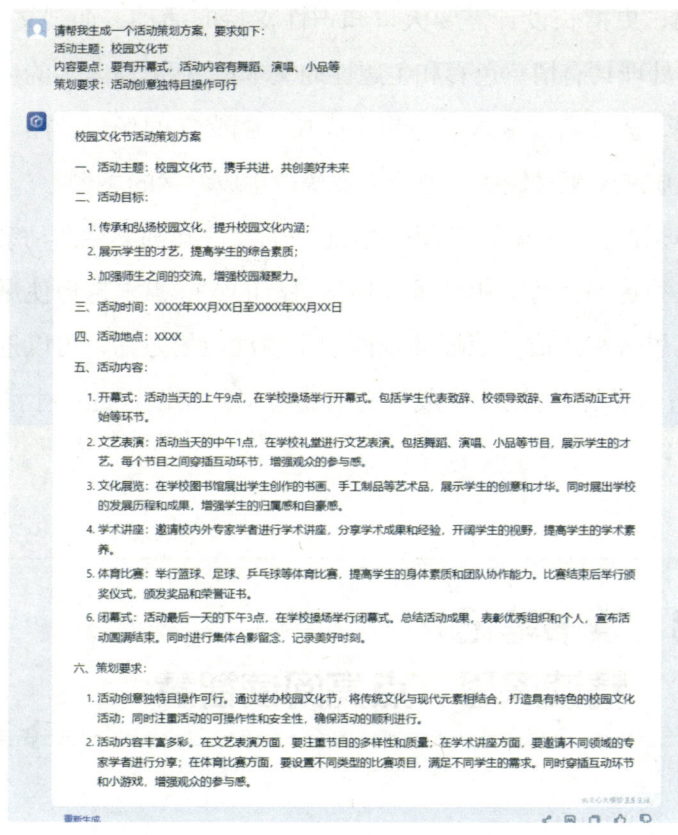

图 3-20 "文心一言"生成学生活动策划方案

3. 案例对比与分析

"智谱清言"和"文心一言"作为人工智能语言模型，在撰写学生活动策划方案方面有各自的特点。

其相同之处主要表现在：在创意生成方面，两者都能够帮助用户设计出有趣且富有创意的活动；在语言表达方面，两者都具备优秀的语言表达能力，都能够生成流畅且具有逻辑性的方案；在数据分析方面，两者都能够利用数据分析帮助用户更好地了解目标受众，提升活动的效果。

其不同之处主要表现在："智谱清言"在处理知识性文本方面表

现更突出,更擅长设计需要大量知识性支持的活动,而"文心一言"则更擅长处理具有情感色彩和主题性的文本;"智谱清言"的生成速度相对较慢,适合需要深入思考和生成长篇幅文案的场景,而"文心一言"的生成速度相对较快,适合需要快速生成方案的场景。

总体来说,"智谱清言"和"文心一言"在撰写学生活动策划方案方面都有独特的优势,用户可以根据自己的实际需求选择使用。如果需要深入思考和生成大篇幅知识性学生活动策划方案,可以选择"智谱清言";如果需要快速生成具有情感色彩和主题性的学生活动策划方案,可以选择"文心一言"。

3.8 读书笔记：精读深思，点亮阅读智慧

3.8.1 认识读书笔记

读书笔记是读者在阅读书籍或文献的过程中,将重要的观点、概念、信息或个人的思考、感悟记录下来的笔记。它可以是书中的摘要、关键段落的复制、对作者观点的评论、个人的联想或对信息的整理等。通过记录和整理书中的信息,读者可以更深入地理解和消化内容,尤其是复杂或难以理解的概念。在整理笔记的过程中,可能会促使读者产生新的思考或疑问,有助于促进读者的批判性思维和创造性思维的发展,还可以帮助读者将新学的知识与已有的知识体系进行整合,形成更加系统和完整的知识结构。对于学者和研究人员来说,读书笔记

是积累资料、为撰写论文和著作做准备的重要步骤。

3.8.2 做读书笔记的步骤

做读书笔记的步骤可以根据个人的阅读习惯和学习目标有所不同，但通常包括以下几个基本步骤。

1. 准备阶段

选择合适的笔记工具，如笔记本、便签、电子设备或专门的笔记软件，确定阅读目的和需要关注的重点。

2. 阅读前的准备

先看书籍的简介、目录和引言，了解该书的基本框架和主题，根据阅读目的设定阅读计划和预期目标。

3. 阅读过程中的记录

①摘要式笔记：记录书的主要观点、论据和结论。

②摘录式笔记：复制粘贴或手写重要的段落、定义和引用。

③批注式笔记：在书的边缘或笔记本上写下对原文的批注、疑问或个人见解。

④概念图或思维导图：用图形化的方式整理和展示信息之间的关系。

4. 阅读后的整理

整理和回顾笔记，确保图书信息的准确性和完整性；对笔记进行分类和标记，便于日后查找和使用。

5. 深入思考和内化

思考阅读材料对个人的启示和影响，以及如何将所学内容应用到实践中，将新学的知识与已有的知识体系相结合，形成更深层次的理解。

3.8.3 AI生成读书笔记

利用 AI 生成读书笔记能够显著提高效率，精准提炼关键信息，方便回顾。通过运用自然语言处理等技术，AI 能够快速地分类、归纳和总结书籍内容，节省用户的时间。同时，AI 能够准确地从文本中提取主要观点和重要信息，帮助用户更好地理解和消化阅读材料。整理好的笔记可以随时利用 AI 工具检索，方便用户在需要时快速找到相关内容，提高学习和研究的效率。这里以《朝花夕拾》为例，使用"笔灵 AI"和"文心一言"分别撰写一篇读书笔记。

1. 使用"笔灵 AI"

在"笔灵 AI"主页面选择"热门"下的"读后感 / 读书笔记"模板，然后根据模板提示输入"书名""字数"等，点击"生成内容"，即可得到一篇读书笔记，如图 3-21 所示。

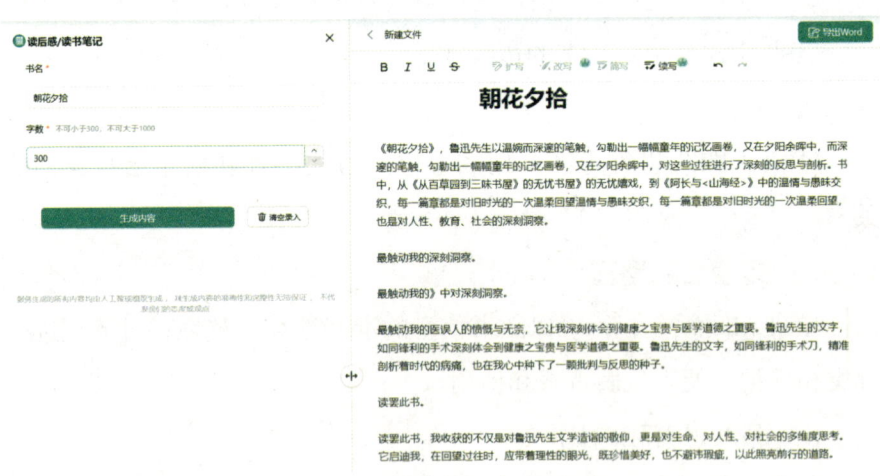

图 3-21 "笔灵 AI"生成读书笔记

2. 使用"文心一言"

进入"文心一言"主页面，直接通过自主问答的形式进行提问，比如在对话框中输入"帮我写一篇《朝花夕拾》的读书笔记",点击"发送"按钮,即可获得结果,如图 3-22 所示。

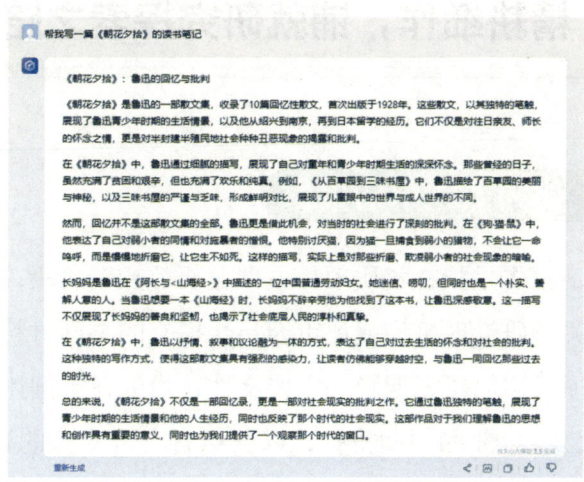

图 3-22 "文心一言"生成读书笔记

3. 案例对比与分析

"笔灵 AI"与"文心一言"的操作都比较简单,覆盖了多种写作场景,不过两者也有明显的区别。"笔灵 AI"能够根据用户的需求生成伪原创内容,帮助用户在短时间内完成大量的写作任务;"文心一言"则更强调生成内容的逻辑性和连贯性。此外,两种 AI 工具的功能定位也有所区别,"笔灵 AI"是一个 AI 驱动的写作辅助工具,旨在帮助用户快速完成写作任务,尤其是在文章创作和续写方面;而"文心一言"是基于大型语言模型的智能写作工具,强调自动生成各类文本内容,提升写作效率。

总体来说,以上给出的两种 AI 工具都提供了便捷的读书笔记生成功能,在模板多样性和 AI 生成质量上有所不同,用户可以根据自己的具体需求和偏好选择适合的工具。

3.9 课题申请报告：精耕细作，铺就研究探索之路

3.9.1 何为课题申请报告

课题申请报告是指在科研项目或课题研究启动阶段，由研究人员或团队向相关科研管理机构或评审委员会提交的书面材料。它是申请科研项目立项或启动研究课题的重要文件，目的在于阐述研究的必要性、可行性、科学性和预期目标，以获得官方或专家的认可和支持，以及让资助方了解研究者的工作计划和预期效益，从而决定是否提供资金支持。

3.9.2 课题申请报告的结构

在撰写课题申请报告时，内容的客观性和真实性尤为重要，一定要避免夸大其词或提供不实信息。同时，报告还应该体现出研究团队的实力和对研究领域的深刻理解。课题申请报告的结构可以根据具体的资助机构或项目的需求有所变化，但通常包含以下几个核心部分。

①封面：通常包含课题名称、申请人信息、申请日期等内容。课题名称要简洁明了地概括课题的核心内容；申请人信息包括申请人姓名、单位、职务、联系方式等。

②摘要：包括研究背景与意义及研究目标等。

③研究内容与方法：研究内容要详细阐述课题的研究范围、主要研究问题，以及解决这些问题的具体方案；研究方法包括研究采用的技术路线、实验设计等，确保研究的科学性和可行性。

④研究计划与进度安排：详细描述课题的研究计划，包括各个阶段的研究任务、时间安排等，合理规划研究的时间节点。

⑤预期成果与贡献：明确课题的预期研究成果，包括学术论文、专利、软件著作权等；同时阐述课题研究成果对学科发展、社会进步等方面的贡献。

⑥研究团队与条件：介绍课题组成员的学术背景、研究经验及分工情况；同时说明课题研究所需的实验设备、场地、资金等条件，确保研究的顺利进行。

⑦参考文献：列出课题申请报告中引用的相关文献，以证明课题研究的科学性和前沿性。

⑧附件：如有必要，可附上相关的证明材料、初步研究成果等，以支持课题申请。

3.9.3 AI 撰写课题申请报告

下面，我们使用“智谱清言”和“天工 AI”来进行案例演示。

1. 使用“智谱清言”

在“智谱清言”的对话框中输入课题申请报告的相关结构和要求，点击“发送”按钮，让它生成一份“数字经济与实体经济深度融合机制研究”的课题申请报告，如图 3-23 所

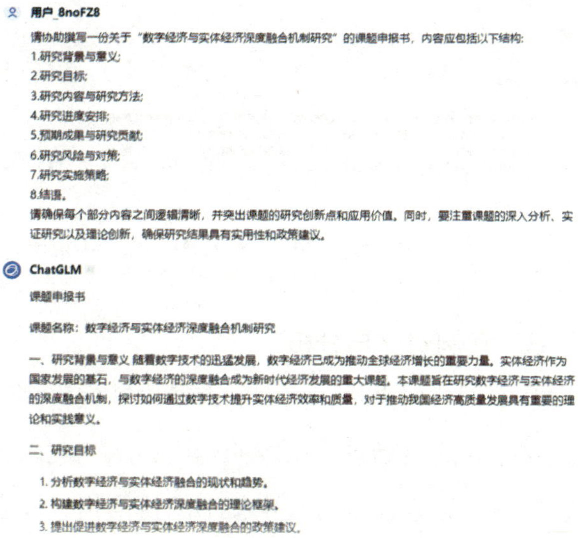
用户_8noFZ8

请协助撰写一份关于“数字经济与实体经济深度融合机制研究”的课题申报书，内容应包括以下结构:

1.研究背景与意义;
2.研究目标;
3.研究内容与研究方法;
4.研究进度安排;
5.预期成果与研究贡献;
6.研究风险与对策;
7.研究实施策略;
8.结语。

请确保每个部分内容之间逻辑清晰，并突出课题的研究创新点和应用价值。同时，要注重课题的深入分析、实证研究以及理论创新，确保研究结果具有实用性和政策建议。

ChatGLM

课题申报书

课题名称：数字经济与实体经济深度融合机制研究

一、研究背景与意义 随着数字技术的迅猛发展，数字经济已成为推动全球经济增长的重要力量。实体经济作为国家发展的基石，与数字经济的深度融合成为新时代经济发展的重大课题。本课题旨在研究数字经济与实体经济的深度融合机制，探讨如何通过数字技术提升实体经济效率和质量，对于推动我国经济高质量发展具有重要的理论和实践意义。

二、研究目标

1. 分析数字经济与实体经济融合的现状和趋势。
2. 构建数字经济与实体经济深度融合的理论框架。
3. 提出促进数字经济与实体经济深度融合的政策建议。

图 3-23 “智谱清言”生成课题申请报告

示。该过程不仅涉及文本的语义理解和逻辑结构的优化，还包括对课题研究的背景分析、意义阐述、目标设定、方法论选择等方面的深化和完善。

2. 使用"天工 AI"

进入主页面后，点击"AI 写作"，在右侧选择"教育"下的"申请书"模板，将要求填写到文本框中，内容尽可能全面具体，然后点击"发送"按钮即可，如图 3-24 所示。生成结果如图 3-25 所示。用户也可以将已有的材料上传，给 AI 提供参考，以便得到更契合主题的内容。

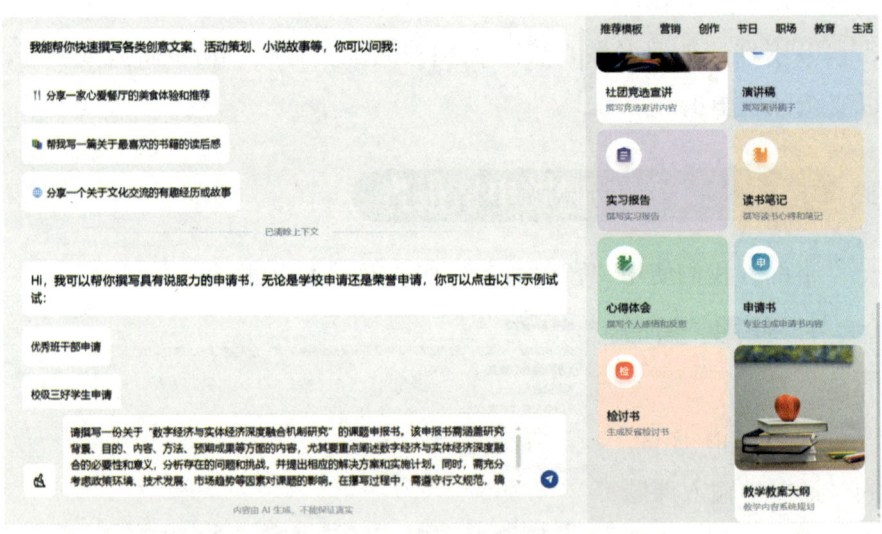

图 3-24 "天工 AI"的"申请书"模板

3. 案例对比与分析

从案例分析来看，两者的课题申请报告撰写功能比较类似，都是通过交互式的对话进行内容的生成；从生成内容来看，两者生成的结构都比较完整且基本符合申报书的撰写格式要求，并且两者都可以对生成的内容通过对话做进一步的优化。此外，"天工 AI"可以上传相关的文档或链接，对生成的内容进行校正，使结果更尽人意。

AI 应作为学术研究中的咨询师、辅助者和伙伴，为撰写课题申请报告提供灵感和支持，而非取代撰写过程本身；我们倡导通过 AI 来辅助撰写工作，同时鼓励用户充分理解辅助这一概念的深层含义。

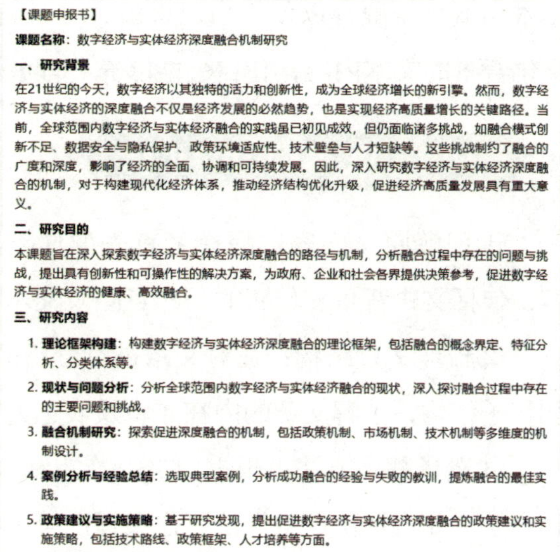

【课题申报书】
课题名称：数字经济与实体经济深度融合机制研究
一、研究背景
在21世纪的今天，数字经济以其独特的活力和创新性，成为全球增长的新引擎。然而，数字经济与实体经济的深度融合不仅是经济高质量发展的必然趋势，也是实现经济高质量增长的关键路径。当前，全球范围内数字经济与实体经济融合的实践虽已初见成效，但仍面临诸多挑战，如融合模式创新不足、数据安全与隐私保护、政策环境适应性、技术壁垒与人才短缺等。这些挑战制约了融合的广度和深度，影响了经济的全面、协调和可持续发展。因此，深入研究数字经济与实体经济深度融合的机制，对于构建现代化经济体系，推动经济结构优化升级，促进经济高质量发展具有重大意义。
二、研究目的
本课题旨在深入探索数字经济与实体经济深度融合的路径与机制，分析融合过程中存在的问题与挑战，提出具有创新性和可操作性的解决方案，为政府、企业和社会各界提供决策参考，促进数字经济与实体经济的健康、高效融合。
三、研究内容
1. 理论框架构建：构建数字经济与实体经济深度融合的理论框架，包括融合的概念界定、特征分析、分类体系等。
2. 现状与问题分析：分析全球范围内数字经济与实体经济融合的现状，深入探讨融合过程中存在的主要问题与挑战。
3. 融合机制研究：探索促进深度融合的机制，包括政策机制、市场机制、技术机制等多维度的机制设计。
4. 案例分析与经验总结：选取典型案例，分析成功融合的经验与失败的教训，提炼融合的最佳实践。
5. 政策建议与实施策略：基于研究发现，提出促进数字经济与实体经济深度融合的政策建议和实施策略，包括技术路线、政策框架、人才培养等方面。

图 3-25 "天工 AI"生成课题申请报告

AI 的反馈有可能涉及不准确或非标准的术语和概念，甚至引用错误的文献，需要专业研究人员进行甄别和优化，保证文档撰写的准确性。

3.10 文本翻译：打破语言壁垒，精准传达信息

3.10.1 了解文本翻译

文本翻译是指将一段文字从一种语言翻译成另一种语言的过程。为了促进不同国家和不同文化背景下学者间的合作与跨语言交流，推动学术知识的广泛传播和共享，以及学习和借鉴最新的学术进展，提高本国学术研究的质量和影响力，一些专业领域的读者通常要将相关

学术领域文本翻译以便于自己理解，并且符合目标语言的学术规范和文化背景的文本内容，让自己能够充分理解原作者的研究成果和思想。

3.10.2 文本翻译的步骤

①理解原文内容：翻译者首先要仔细阅读并彻底理解原文的内容，包括文化背景、作者的写作意图及文本用途等。

②梳理文章结构：在对文章进行分析的基础上，准确识别出段落和句子结构，了解文章的内在逻辑及表达方式。

③选择翻译方法：根据原文的特点和表达方式，选择最合适的翻译方法，如直译法、意译法、原义译法等。

④进行翻译：根据选择的翻译方法，对原文进行逐句翻译，同时确保译文符合语法规范和表达习惯。

⑤校对和修改：在翻译完成后，对照原文进行校对和修改，确保译文的准确性和流畅性。

⑥调整语言风格：根据受众及目标语言的文化特点，适当调整译文的语言风格，使其更贴近目标语言的表达习惯。

⑦最后校对：再次对译文进行校对，纠正可能存在的语法错误、标点符号错误等。

3.10.3 AI 翻译文本

目前市场上存在着各种各样的 AI 翻译工具，衡量翻译工具是否好用的一个重要标准是翻译的内容能否考虑到文化背景、语言风格和用户的需求。本节以 DeepL 和"智谱清言"为例进行文本翻译，并对两种 AI 工具进行对比分析。

1. 使用 DeepL

根据第 1 章介绍的使用方法进入 DeepL 翻译器主页面后，点击

"翻译文本",将需要翻译的内容根据提示输入文本框中,然后选择目标语言,翻译器便会自动生成目标语言的翻译文本,如图3-26、图3-27所示。

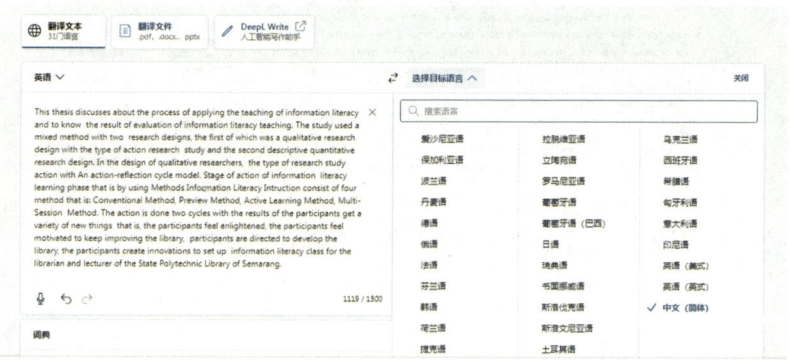

图 3-26　选择目标语言

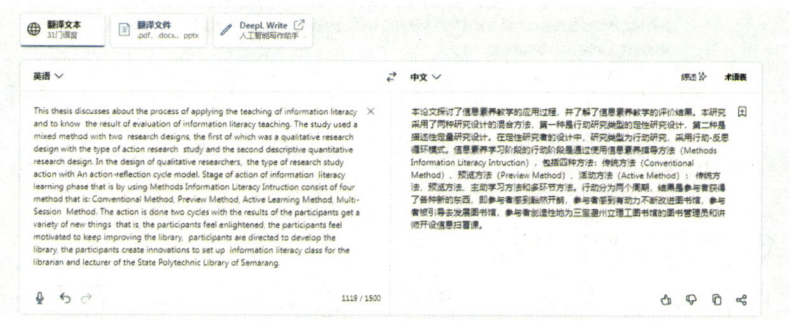

图 3-27　DeepL 生成翻译结果

2. 使用"智谱清言"

在"智谱清言"主页面的"灵感大全"中,选择"学生"身份,再选择"中英翻译神器"模板,根据提示输入"翻译内容""特殊要求"两项内容,点击"发送"按钮,"智谱清言"即可生成翻译文本,如图3-28、图3-29所示。

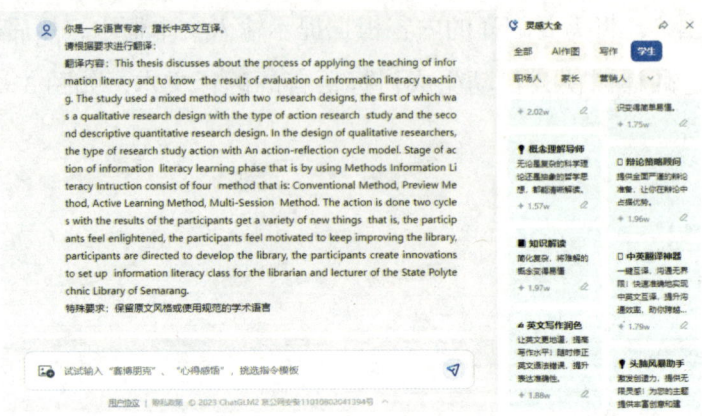

图 3-28 "智谱清言"的"中英翻译神器"模板

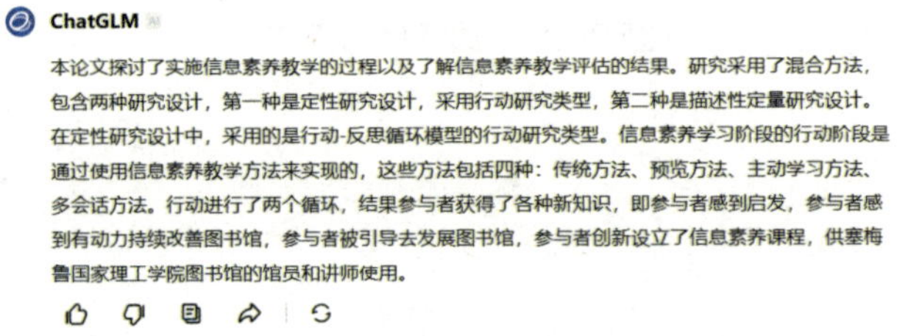

图 3-29 "智谱清言"生成翻译结果

3. 案例对比与分析

DeepL 和"智谱清言"上的翻译服务工具各自有不同的特点和优势，具体如下。

在功能特色方面，DeepL 支持多种语言的互译，覆盖面比较广泛，可以满足不同国家用户的翻译需求；"智谱清言"除了提供文本翻译服务，还具备智能问答、文案撰写、同步翻译及查找术语等功能。在翻译质量方面，DeepL 在英文和其他语言翻译方面表现都很出色，能够较好地保持原文意思和风格；"智谱清言"则是在中英文互译方面表现出色，特别是在理解中文语境和文化背景方面比较优越。在使用体验方面，DeepL 页面简洁且支持多种文档格式的翻译，包括 Word、PPT、PDF 等，用户还可以通过自定义设置来确保关键词或短语被准确翻译，节省编辑时间；"智谱清言"的用户页面友好，支持多种平台和设备，可以提供个性化的服务。在目标用户方面，DeepL 更适合需要高质量多语种语言翻译服务的用户；"智谱清言"则适合需要专业中英文翻译服务的用户，尤其是对中文语境和文化有特定需求的用户。

总体来说，DeepL 在多语种翻译和翻译质量上有一定优势，"智谱清言"则在中英文翻译方面功能比较强大，用户可以根据实际需求选择合适的工具。

3.11 纠错编辑：字斟句酌，雕琢完美篇章

3.11.1 纠错编辑的重要性

在纠错编辑的过程中，需要仔细检查文档，寻找并修正拼写错误、语法错误、标点符号使用错误及事实不准确之处。纠错编辑可以提升出版物的整体质量，增强内容的专业性和可信度，确保信息的准确传递，避免因误解而造成的沟通障碍。在信息爆炸的当下，准确、高质量的信息尤为珍贵，因此纠错编辑是写作和出版过程中不可或缺的一环。

3.11.2 纠错编辑的流程

纠错编辑是一个系统的过程，它涉及识别和修正文本中的错误，

旨在确保文本的准确性、专业性和可读性，通常包括文本预处理、初步审阅、深入审查、综合校对、最终审查、反馈和修正六个阶段。

①文本预处理阶段：首先需要收集与文本相关的参考资料；然后确定编辑标准，明确在编辑过程中应遵循的标准和规范。

②初步审阅阶段：使用拼写检查工具对文本中文字、内容对错进行检查；修正文本中的语法错误并校对格式。

③深入审查阶段：进行语义检查，以确保文本中的词汇和句子无语义错误，然后对文本中的事实性内容进行核查，确保信息的真实准确。

④综合校对阶段：检查文本的整体流畅性及逻辑结构，并校对参考文献、目录及索引，确保其格式及内容的正确。

⑤最终审查阶段：再次检查文本，确保没有遗漏的错误。

⑥反馈和修正阶段：将校对过程中发现的问题反馈给作者或相关人员；根据反馈，对文本进行必要的修正。

3.11.3　AI 纠错编辑工具的使用

下面，我们使用"智谱清言"和 Effidit 来进行案例演示。

1. 使用"智谱清言"

"智谱清言"的纠错功能比较强大，它可以提供文本纠错、事实纠错、打字纠错、发音纠错等功能，通过交互式的对话即可获取纠错编辑服务，此外，"智谱清言"会自动总结有语法错误、拼写错误或标点符号错误的地方，并给出相应的修改意见。在使用"智谱清言"进行纠错时，我们只需将有语法错误或错别字等错误内容的文本输入对话框中，并提出具体的修改要求，即可获取内容正确、语句连贯、语法得当的文本，如图 3-30 所示。

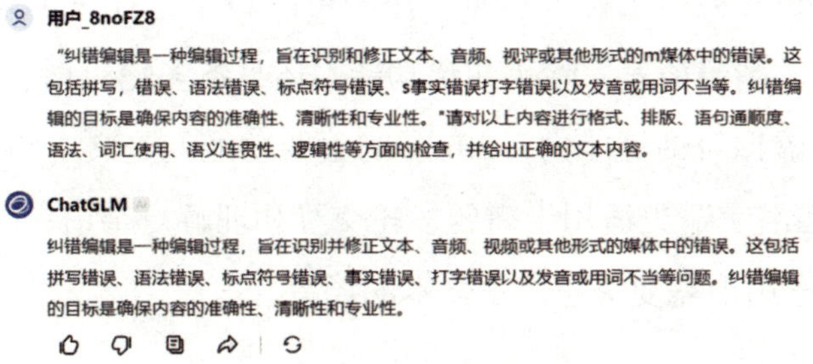

图 3-30 "智谱清言"纠错结果

2. 使用 Effidit

在 Effidit 主页面选择"智能纠错",将需要纠错的内容输入文本框即可,如图 3-31 所示。

图 3-31 Effidit 纠错结果

3. 案例对比与分析

"智谱清言"和 Effidit 都能够识别和修正文本中的拼写错误、语法错误、标点符号错误等。它们都支持多语言环境下的纠错服务,"智谱清言"可以对中英文进行纠错,而 Effidit 则支持多种语言纠错。它们都会对文本内容中的错误给出提示,"智谱清言"会直接给出修改后的文本，而 Effidit 会给出修改意见，用户可以自主选择是否采纳。在功能范围方面，"智谱清言"除了纠错功能，还具备多轮对话、创意写作、代码生成及虚拟对话等能力；Effidit 的主要功能就是文本纠错和润色。因此，"智谱清言"更适用于需要多轮交互和理解复杂语言的场景，而 Effidit 则更适用于需要快速修正文本的场景。

第 4 章　职场写作

4.1 简历：打造个性化简历，助力求职成功

4.1.1 简历的重要性

简历在求职场合、参与社会活动、学术申请等过程中有着非常重要的作用，在职场方面主要体现在：初次印象、展示能力和经历、简化招聘流程、满足雇主要求、个人品牌建设等方面。一个精心设计和撰写的简历可以吸引他人的注意，从而在众多竞争者中脱颖而出。因此，拥有一份完美的简历是十分必要的。

4.1.2 简历的结构

简历的内容一般包括个人基本信息、教育背景、个人经历、职业技能、荣誉证书、求职意愿等信息。在写简历时，要明确自己的目标和需求，确定简历的使用情境。简历的内容追求简洁明了，通常在一两页之间，同时每一处文字都需要有明确的意义——突出自己的技能、经验和成就等，结构要求规范化、有逻辑。

①个人基本信息主要包括：姓名、性别、出生日期、联系方式、政治面貌、学历、籍贯等。

②教育背景主要包括：毕业学校、专业、毕业时间、主要专业课程、成绩等。

③个人经历主要包括：校园经历、实习经历、项目经历等。校园经历主要包括在学校学习的过程和参与学生会、社团的经历等。实习经历主要包括实习时间、实习公司名称、实习岗位名称、工作内容等。项目经历主要包括项目名称、项目描述、项目成果等。

④职业技能主要包括：技能名称、掌握程度等。

⑤荣誉证书主要包括：证书的全称、获得的时间、颁发单位等。

⑥求职意愿主要包括：期望城市、期望岗位、期望薪资范围等信息。

4.1.3 AI 写简历

借助 AI 写简历时，首先，需要赋予 AI 一个身份，比如说面试官身份，能够使 AI 站在面试官的角度写简历，这样写的简历更具有针对性和专业性；其次，根据简历的使用场景搭建一个合适的框架，简历的使用场景不同，结构的细节和侧重点也有所不同，比如命令 AI 生成一个软件开发者的简历框架，或者命令 AI 生成一份用于学术申请的简历框架；再次，用户根据框架填充个人信息，让 AI 在框架信息的基础上对简历进行编写，还可以命令 AI 从面试官的角度对目前的简历信息提出修改建议；最后，生成简历，如果用户不满意 AI 的创作内容，可通过反复提问的方式不断进行优化，直到生成一份完美的简历。

这里以一份软件开发求职者的简历为例，分别使用 ChatGPT 和"文心一言"进行创作。

1. 使用 ChatGPT

ChatGPT 写简历可以是局部创作，也可以是全局创作。首先，局部创作以实习经历为例，将实习经历的主要内容输入 ChatGPT 对话框中，要求 ChatGPT 站在面试官的角度编写求职者的实习经历，生成的结果如图 4-1 所示。全局创作需要按照上述要求，逐步对 ChatGPT 提问，最后在对话框中输入"根据上述信息，请生成一份简历"，点击"发送"按钮，生成结果如图 4-2 所示。

图 4-1　ChatGPT 生成实习经历

图 4-2　ChatGPT 生成简历

2. 使用“文心一言”

在“文心一言”中，简历的局部创作需要在主页面的对话框中输入有关实习内容，命令它进行创作，生成结果如图 4-3 所示。为创作一份完整的简历，按照和上述使用 ChatGPT 的过程同样的操作，生成结果如图 4-4 所示。

站在面试官的角度优化以下的实习经历：2018.06-2018.07 、2019.06-2019.07 北京学佳澳软件科技发展有限公司 软件开发（实习生）·负责公司项目的需求捕捉、需求分析、设计、实现。·负责数据库的运营和维护，包括数据库的安装、监控、备份、恢复等基本工作。

实习经历

北京学佳澳软件科技发展有限公司

软件开发实习生

时间：2018.06-2018.07、2019.06-2019.07

核心职责：

1. **需求管理：**

   深入参与公司多个项目，从初期的需求捕捉到后期的需求分析，确保每一个细节都与用户的需求相匹配，为项目提供了明确、可行的方向。

2. **系统设计：**

   不仅局限于软件层面的设计，还涉及到数据库的结构和运营策略。确保系统高效、稳定地运行，满足客户的核心需求。

3. **数据库运维：**

   全面负责数据库的日常运营和维护，从安装到监控，再到备份和恢复，每一个环节都做到了精细化管理，确保数据的完整性和安全性。

图 4-3 “文心一言”生成实习经历

教育背景

- 2017.09-2021.06：XXXX学院，计算机科学与技术专业（本科），主修课程包括数据库、数据结构、操作系统等。
- 2021.09-至今：XXXX大学，计算机科学与技术专业（研究生），主修课程涵盖机器学习、算法设计与分析等。研究方向为深度强化学习。

实习经历

2018.06-2018.07 、2019.06-2019.07：北京xxx软件科技发展有限公司，软件开发实习生。主要职责包括需求捕捉、分析、设计及实施，以及数据库的运营和维护。

项目经历

项目名称：基于深度强化学习的机器人路径规划

项目描述：将深度强化学习算法应用于室内移动机器人导航问题，提高机器人在复杂环境中的应对能力。该项目已于2023年8月23日在《xxxx》上发表论文一篇。

专业技能

- 熟练掌握Python和Java编程，具备Linux系统和SQL数据库知识。
- 熟悉TensorFlow和PyTorch等主流机器学习框架，并掌握常见机器学习模型。
- 熟练使用Matplotlib、Pandas和NumPy进行数据分析和可视化。
- 熟悉Ubuntu和ROS系统，具备机器人整体架构搭建经验，并能将人工智能算法应用于机器人中。

证书与荣誉

- 大学英语六级（CET-6）证书，具备良好的英语读写能力。
- 2023年9月获得XXXX大学研究生一等学业奖学金。
- 2022年10月获得XXXX大学研究生二等学业奖学金。
- 2021年5月被评为XXXX学院优秀毕业生。

图 4-4 “文心一言”生成简历

3. 案例对比与分析

对于一份简历可以从结构、个人信息的完整性、内容的逻辑性、充实性等方面进行分析。从这些方面来看，ChatGPT 和"文心一言"都能够按照要求编写出一份结构完整的简历。从局部创作来看，ChatGPT 或"文心一言"都能将实习经历的内容进行分条陈述，强调了关键信息且具有清晰的结构，能够使阅读者快速找到感兴趣的内容，提高了可读性。两者生成的简历整体差距不大，均简洁明了，规范化和结构化的特点都很突出。但是两者都存在一个问题：不能直接生成可打印的简历模板，仍然需要自己寻找模板，然后将在 ChatGPT 或"文心一言"中创作的简历填充到模板中。

在使用 AI 生成简历的过程中，如果用户对简历的某项内容不能提供详细描述，如实习经历不够具体，用户可以尝试在 AI 对话框中输入"请将实习经历详细叙述，同时保证描述语言简洁"等命令，通过提问不断地完善和优化，最终能够生成一份优质的职业简历。提问的方式可参考本书第 2 章内容。

4.2 行业分析报告：深入剖析，把握行业动态

4.2.1 行业分析报告的意义

行业分析报告是一种对特定行业进行全面研究和分析的文档。它提供了有关行业趋势、市场规模、竞争情况、消费者行为、关键参与者和潜在机会等方面的信息，可以帮助用户做出明智的商业决策。行

业分析报告在许多领域有广泛的使用，如市场营销、商业决策、产品开发、教育和研究等。

4.2.2 行业分析报告的结构

①引言和摘要：通过引言介绍相关行业的背景信息，简单明了地概括该行业的发展趋势及未来面临的挑战。摘要则是对整个报告的概述，需要对关键发现和结论进行总结。

②方法和数据来源：需要明确说明该报告中使用的方法及研究途径等信息，以确保报告的可信度。

③行业概况：描述相关行业的定义、范围、发展历史等信息。

④市场分析：分析相关行业的市场规模、增长率和趋势等，能够用来评估市场的潜力，预测未来的发展。

⑤竞争分析：分析竞争对手的公司、产品、定价、市场定位等信息。

⑥SWOT分析：结合行业内外部趋势分析行业的优势、劣势、机会和威胁等。

⑦未来展望和建议：基于分析的结果，对行业的未来发展提出展望和预测。

⑧结论：总结报告的发现和结论，需要强调行业的机遇与挑战。

⑨参考文献和附录：如有需要，将行业报告中用到的相关信息出处添加到此处。

4.2.3 AI创作行业分析报告

使用AI创作行业分析报告时，需要使AI逐步地了解需求。AI在熟悉相关要求和背景之后，即可生成行业分析报告。

这里以物流行业分析报告为例，分别使用"文心一言"和"智谱清言"进行创作，具体过程如下。

1. 使用"文心一言"

按照行业分析报告的结构,在"文心一言"的对话框中输入"按照引言和摘要、方法和数据来源、行业概况、市场分析、竞争分析、SWOT分析、未来展望和建议、结论、参考文献和附录这几部分,生成物流行业分析报告",点击"发送"按钮,生成结果如图4-5所示。以上方法只能生成文字描述的报告,可以在对话框中输入"用图表的形式展示物流行业数据分析报告",生成的结果如图4-6所示。

竞争分析:
1.竞争格局。目前,全球物流市场呈现出多元化的竞争格局。其中,电商物流市场是竞争最为激烈的领域之一,各大电商平台都在积极布局自己的物流体系,争夺市场份额。同时,传统物流企业也在积极转型和创新,提高服务质量。
2.竞争策略。为了在竞争中脱颖而出,物流企业需要采取以下策略:(1) 提高服务质量:通过提高服务质量,满足消费者的需求赢得市场份额。(2)降低成本,通过降低成本,提高企业的盈利能力,增强竞争力。(3) 拓展市场:通过拓展市场,扩大企业的业务范围,提高市场份额。
SWOT 分析:
1.优势(Strengths)。(1)完的物流网络:全球化的物流网络使得企业能够快速响应市场需求。(2)丰富的经验:多年的运营经验使得企业在处理复杂问题时更加得心应手。
2.劣势 (Weaknesses)。(1)高成:由于需要投入大量资金进行基础设施建设和技术研发,导致成本较高。(2)缺乏创新。在面对新兴技术时,企业可能缺乏足够的创新意识和能力。
3.机会(Opportunities)。(1)政策支持:政府对物流行业的支持力度不断加大,为企业提供了良好的发展环境。(2)新兴市场:新兴市场如东南亚、非洲等地区的市场潜力巨大,为企业提供了新的发展机遇。
4.威胁(Threats)。(1)国际贸易保护主义:国际贸易保护主义可能导致企业无法充分拓展国际市场。(2)技术变革:新兴技术如人工智能等可能对传统物流企业构成威胁。

图4-5 "文心一言"生成物流行业分析报告

图表数据:

公司名称	年收入(亿美元)	净利润(亿美元)	员工人数(千人)	运输能力(万吨)	运输网络覆盖国家数
FedEx	800.33	29.57	4000000	12000000	220
UPS	711.59	31.12	394886	9074282	220
DHL	360.33	31.86	315000	11500000	220
中国邮政速递	131	-131	None	None	None
TNT Express	213	None	None	None	None
XPO Logistics	None	None	None	None	None

图4-6 "文心一言"生成物流行业图表数据

2. 使用"智谱清言"

在"智谱清言"中输入与对"文心一言"输入内容相同的文字,生成的结果如图 4-7 所示。

一、引言和摘要 物流行业作为现代经济体系中的重要组成部分,其发展水平直接影响着国家经济运行效率和现代化程度。本报告通过对物流行业的全面分析,揭示了行业的现状、市场趋势、竞争格局以及未来发展方向,为行业参与者提供决策依据。

二、方法数据来源 本报告采用的数据主要来源于官方统计数据、行业协会资料、企业调研以及市场调查等多种渠道,确保数据的真实性和准确性。

三、行业概况 物流行业包括运输、仓储、配送等多个环节,其发展受到政策、经济、技术等多方面因素的影响。近年来,我国物流行业规模不断扩大,效率逐步提高,但与发达国家相比,仍有较大差距。

四、市场分析 我国物流市场庞大,需求多样化。随着电商、制造业等领域的快速发展,物流市场呈现出快速增长的趋势。同时,市场竞争日益激烈,行业整合加速。

五、竞争分析 物流行业竞争格局分散,大型企业市场份额逐渐提高。目前,国内物流企业主要集中在低端市场,高端市场仍被外资企业占据。企业之间的竞争主要体现在价格、服务、效率等方面。

六、SWOT分析 物流行业面临的政策环境、市场需求、技术创新等外部因素以及企业自身的优势、劣势、机会和威胁,都将在SWOT分析中详细阐述。

七、未来展望和建议 结合行业发展趋势和市场需求,本报告提出了物流行业的发展建议,包括加大政策支持、提高行业集中度、加强技术创新等。

八、结论 物流行业作为国家经济的重要支柱,其发展前景广阔。在政策、市场和技术等多方面因素的推动下,我国物流行业将迎来新的发展机遇。

九、参考文献和附录 本报告参考了大量的文献资料,包括政策文件、行业报告、学术论文等,并在附录中提供了相关数据表格和图表。

通过以上几个部分,本报告全面分析了物流行业的现状、市场趋势、竞争格局以及未来发展方向,为行业参与者提供了有益的参考。

图 4-7 "智谱清言"生成物流行业分析报告

3. 案例对比与分析

将上述两种不同的 AI 创作案例进行对比,可以发现生成的两份报告在结构和内容上存在一定的相似性,但具体内容和分析角度略有不同。

两种 AI 工具都按照具体的框架生成了相关报告,能够帮助读者快速了解该行业。在具体内容方面,两份报告都提到了物流行业的发展受到政策、经济、创新技术等多方面因素的影响,也指出了我国物流行业与发达国家相比存在的差距等信息。

在竞争分析和 SWOT 分析这两方面,两份报告的具体内容和分析角度略有不同。"文心一言"生成的报告从竞争格局、竞争策略这两个方面进行分析，比"智谱清言"生成的报告更详细、具体。在 SWOT 分析方面，"文心一言"生成的报告在各个细节处展开描述，这正是行业分析报告的一个亮点。

另外，一份具体的行业分析报告可以由文字描述和可视化图表组成，文字描述更容易把握抽象概念，具有细腻的表达能力、深度的阐释能力和广泛的传播能力；而可视化的图表具有直观性、简洁性和多样性等特点。在使用 AI 创作行业分析报告时将两者结合能够将行业的优势充分展示出来，呈现出更好的分析结果。

4.3 工作总结：条理清晰，展现工作成果

4.3.1 工作总结的意义

工作总结是针对一段时间内所做的工作进行回顾、分析和评估，从这些过程中能够吸取经验教训，从而能够提高工作的效率及质量。它的作用主要包括：能够帮助工作者理解自己目前的表现，找出当前工作中存在的问题，并通过制订计划来改进不足；能够使员工更好地理解公司的业务和目标，从而为公司做出贡献；能够促进沟通，以便更好地协作完成任务。从长远的角度来说，工作总结能够帮助个人和公司更好地规划未来，从而实现个人和公司的目标。

4.3.2 创作工作总结的步骤

创作工作总结时，首先，需要确定它的标题，尽量简明扼要；其

次，完成工作总结的主要内容，主要包括工作成果、工作亮点、工作不足及下一步计划；最后需要致谢，对给予帮助的组织或个人表示感谢。

　　工作总结的主要内容中，工作成果需要展示在这段工作经历中完成的项目、达到的目标和获得的奖励等；工作亮点展示的是在工作中自己表现出色的部分；工作不足是指在此过程中遇到的问题、困难和挑战等，可以对自己的工作做出评估和反思；下一步计划是根据当前实际情况和经验教训对未来做出规划和打算。

4.3.3　AI 创作工作总结

　　AI 创作工作总结能够实现自动化、结构化、个性化等，它的应用场景十分广泛，比如在企业管理的领域，AI 能够快速准确地帮助企业生成相对应的工作总结，提高整个团队的工作效率。

　　这里以软件开发工作总结为例，分别使用"Chat 人工智能助手"和"文心一言"进行创作，具体如下。

1. 使用"Chat 人工智能助手"

　　"Chat 人工智能助手"是一款能够智能聊天对话、写作、绘画的 APP，它集成了现在科技前沿的人工智能技术，同时拥有强大的中文训练模型，可以帮助使用者解决各种难题。

　　首先，下载手机版"Chat 人工智能助手"；其次，打开软件，进入主页面，在下侧的输入框中输入工作的主题、关键字、其他要求等信息；最后，输入"按照上述要求创作一份工作总结"，点击"发送"按钮，即可生成一份工作总结。还有另一种方法：首先，点击最下侧的"创作"选项，点击左侧菜单栏中的"AI 工作"选项；其次，点击右侧"概况总结"选项，按照要求输入工作的"主题描述/关键词""结果字数"等要求；最后，点击"AI 生成"即可，生成的结果如图 4-8 所示。

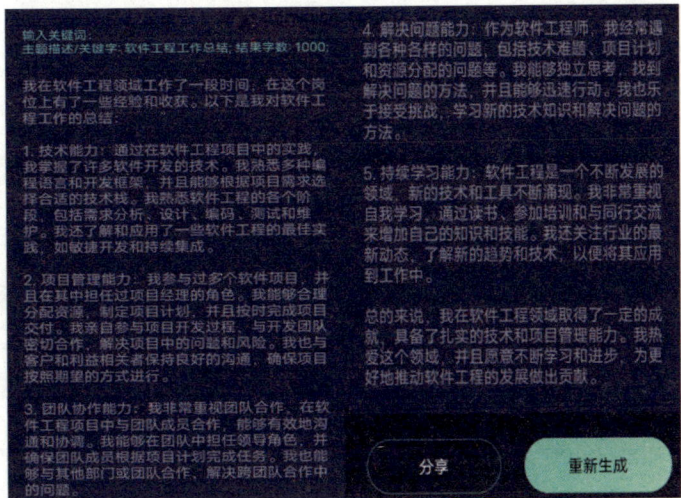

图 4-8 "Chat 人工智能助手"生成工作总结

2. 使用"文心一言"

在"文心一言"的对话框中,输入:"关键词:软件工程工作总结,字数 1000 字。生成一份软件开发报告。"点击"发送"按钮,生成的结果如图 4-9 所示。

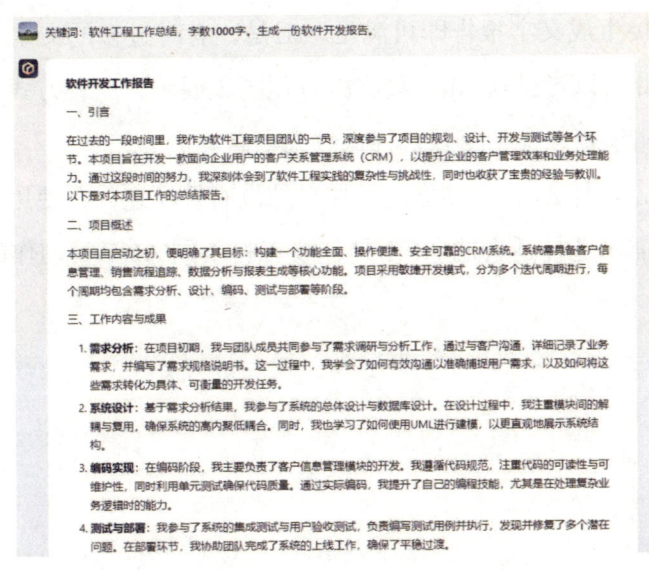

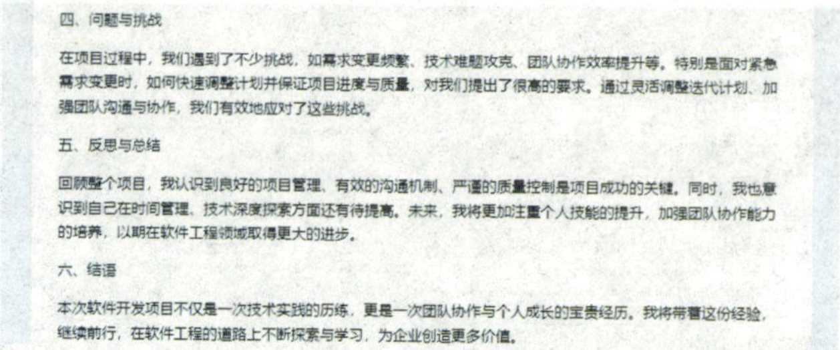

四、问题与挑战

在项目过程中，我们遇到了不少挑战，如需求变更频繁、技术难题攻克、团队协作效率提升等。特别是面对紧急需求变更时，如何快速调整计划并保证项目进度与质量，对我们提出了很高的要求。通过灵活调整迭代计划、加强团队沟通与协作，我们有效地应对了这些挑战。

五、反思与总结

回顾整个项目，我认识到良好的项目管理、有效的沟通机制、严谨的质量控制是项目成功的关键。同时，我也意识到自己在时间管理、技术深度探索方面还有待提高。未来，我将更加注重个人技能的提升，加强团队协作能力的培养，以期在软件工程领域取得更大的进步。

六、结语

本次软件开发项目不仅是一次技术实践的历练，更是一次团队协作与个人成长的宝贵经历。我将带着这份经验，继续前行，在软件工程的道路上不断探索与学习，为企业创造更多价值。

图 4-9 “文心一言”生成工作总结

3. 案例对比与分析

图 4-8 和图 4-9 所示两种结果都是按照相关 AI 工具的提示输入需求最后生成的，两者存在的共同问题是总结内容不全面。针对这种情况，我们可以尝试着再次输入命令使 AI 进行完善和补充，如把“Chat 人工智能助手”生成的工作总结粘贴到对话框中，然后输入“请在此基础上添加‘工作不足’此部分内容”。

工作总结的展示方式一般有文字和图表两种形式。文字形式侧重于将工作的内容总结为简短的文字，能够保证工作总结的正式和规范，可以提供完整的信息。这种需求使用“Chat 人工智能助手”或“文心一言”直接生成文字报告即可满足。但是，有时过多的文字太过枯燥无味，因此可以尝试让 AI 工具将内容用图表展示，这种方式具有图文并茂、逻辑清晰、参与感强、视觉效果丰富等优势。

因此，各种 AI 工具创作的工作总结没有好坏之分，使用者可以根据不同的需求选择适合的 AI 工具，或者将不同 AI 工具创作的内容适当结合。

4.4 会议纪要：精准记录，助力决策执行

4.4.1 会议纪要的使用情况

会议纪要是记录会议主要内容和事项的一种文书，它主要有纪实性、概括性、指导性、约束性等特点。它主要对相关会议进行记录和总结，通常由参加会议的特定人员编写，完成后存档并发给相关参会人员，目的是方便大家了解会议的内容和确定下一步计划。

4.4.2 会议纪要的主要结构

1. 标题

标题一般由会议名称和文种两部分构成，比如"公司2023年全员会议纪要"。标题要把握会议的中心内容，并且简明扼要。标题并不是固定不变的，当遇到特殊情况时要进行调整。

2. 正文

正文主要由前言、主体、结尾三部分组成。前言部分交代了会议的一些基本信息，比如会议的名称、时间、地点、参会人、主持人等基本信息。主体部分是会议的重要内容，描述整个会议的情况和结果，需要紧紧抓住会议的主题，把握会议的基本精神，将会议的内容准确、清楚地进行概述。结尾部分不是每个会议纪要都有的，一般情况下是领导提出的希望和要求等。

3. 落款

落款信息有署名和时间两部分内容。重要的会议纪要，需要署上召开会议的领导和单位的全称，以及日期，同时需要加盖公章；一般

的会议纪要通常不需要署名，只需要写成文时间等。

4.4.3 AI 生成会议纪要

使用 AI 创作会议纪要时，首先，需要先命令 AI 获取模板，基本结构有标题、正文和落款三部分，具体内容根据会议的内容不同而不同；其次，需要使 AI 了解到本会议纪要是一般的会议纪要还是重要的会议纪要，这能够帮助 AI 把握不同的场景和语言风格；最后，通过不断地向 AI 进行提问，把创作的具体要求发给 AI，从而生成一份完整的会议纪要。

这里以“公司第二季度全员会议纪要”为例，分别使用“天工 AI”和“文心一言”进行创作，具体如下。

1. 使用“天工 AI”

打开“天工 AI”主页面，直接在搜索栏中输入：“日期：2023 年 11 月 30 日。时间：上午 9：00 至下午 5：00。地点：公司会议室。出席人员：公司全体员工。讨论内容：①公司第二季度的工作成果；②各小组代表就其所负责的工作领域汇报讨论成果；③提出改进意见和建议；④对下一季度的工作进行展望。”点击“发送”按钮，生成的结果如图 4-10 所示。

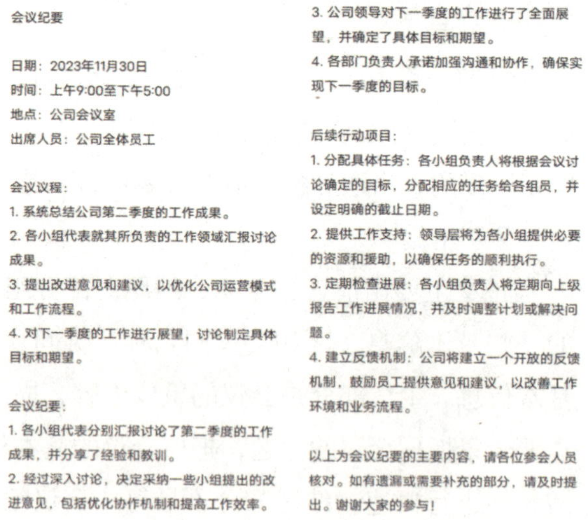
会议纪要

日期：2023年11月30日
时间：上午9:00至下午5:00
地点：公司会议室
出席人员：公司全体员工

会议议程：
1. 系统总结公司第二季度的工作成果。
2. 各小组代表就其所负责的工作领域汇报讨论成果。
3. 提出改进意见和建议，以优化公司运营模式和工作流程。
4. 对下一季度的工作进行展望，讨论制定具体目标和期望。

会议纪要：
1. 各小组代表分别汇报讨论了第二季度的工作成果，并分享了经验和教训。
2. 经过深入讨论，决定采纳一些小组提出的改进意见，包括优化协作机制和提高工作效率。
3. 公司领导对下一季度的工作进行了全面展望，并确定了具体目标和期望。
4. 各部门负责人承诺加强沟通和协作，确保实现下一季度的目标。

后续行动项目：
1. 分配具体任务：各小组负责人将根据会议讨论确定的目标，分配相应的任务给各组员，并设定明确的截止日期。
2. 提供工作支持：领导层将为各小组提供必要的资源和援助，以确保任务的顺利执行。
3. 定期检查进展：各小组负责人将定期向上级报告工作进展情况，并及时调整计划或解决问题。
4. 建立反馈机制：公司将建立一个开放的反馈机制，鼓励员工提供意见和建议，以改善工作环境和业务流程。

以上为会议纪要的主要内容，请各位参会人员核对。如有遗漏或需要补充的部分，请及时提出。谢谢大家的参与！

图 4-10 “天工 AI”生成会议纪要

2. 使用"文心一言"

打开"文心一言",在对话框中输入和对"天工AI"提问内容相同的文字,点击"发送"按钮,生成的结果如图4-11所示。

3. 案例对比与分析

将"天工AI"和"文心一言"生

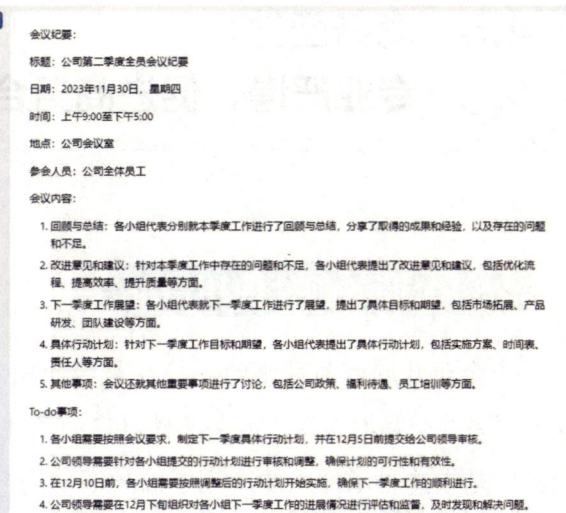

图4-11 "文心一言"生成会议纪要

成的文案进行对比,可以发现:两种文案都准确地记录了会议的讨论和结果等内容,没有歪曲事实或遗漏重要信息,同时突出了重点,语言描述简练,格式上都比较规范。两者的不同点在于:"文心一言"生成的会议纪要比"天工AI"多一项标题的描述,"天工AI"比"文心一言"多一项会议议程的描述;在具体内容方面,"文心一言"更为详细,比如"To-do事项"的描述中,将具体的计划精确到某一天,更注重细节的描述。

使用AI软件生成会议纪要时,若已经按照要求进行提问,生成的文案仍不符合预期需求,可以继续向AI发出命令要求修改,需要注意的是一定要描述清楚要解决什么问题,以及解决这个问题的具体要求,如在"天工AI"的对话框中输入"请将后续行动的每条记录加上具体的时间安排",让其重新生成即可。

4.5 商务函件：专业严谨，促进商务合作

4.5.1 商务函件使用情况

当企业开展商务往来时，往往需要使用商务函件进行信息沟通、业务联系、交易洽谈等。商务函件具有商务性和凭证性的特点。其中，商务性是指这种函件主要应用于商务活动场合，与普通函件相比，商务函件的内容比较单一；凭证性是指在商务活动中可以作为凭证，即一旦双方存在争执或纠纷，可以作为解决问题的重要凭证。

4.5.2 商务函件的内容

商务函件的结构主要有信头、标题、行文对象、正文、落款和附件等。其中，信头主要包含发件人和收件人的联系方式及日期等信息。标题应该简明扼要，概括函件的主要内容。对行文对象的称呼要保持尊重和礼貌，如"尊敬的×××先生/女士"。正文是整个信函的核心内容，需要清晰明了地阐述发送此函件的目的。落款则是发件人的有关信息。如果此函件需有附件，则需在函件中注明，以便收件人查阅。

4.5.3 AI创作商务函件

使用AI创作商务函件时，首先，需使AI明确创作类型，一般有询问型信函、回复型信函、感谢型信函等；其次，需使AI确定信函的目的和受众对象，函件的目的主要有建立关系、寻求合作、解决问题

和传达信息等，受众对象一般有客户、合作伙伴等；然后，需使 AI 确定写作的结构和写作要求，商务函件的结构可参考 4.5.2 节内容，写作时需有专业的语言和格式、能够突出重点、考虑对方的立场等；最后，根据具体情况反复修改和完善。

这里以邀请客户体验新产品为例，分别使用 ChatGPT 和"文心一言"创作商务函件，具体如下。

1. 使用 ChatGPT

按照上述要求，在 ChatGPT 的对话框中输入："帮我写一份邀请型的商业函件，函件的受众群体是客户，能够吸引受众群体，使他们对产品产生兴趣，目的是邀请收件人体验本公司的新产品，之后提供反馈和意见。按照信头、标题、行文对象、正文、落款的结构创作，使用专业的语言并且突出重点。"点击"发送"按钮，生成的结果如图 4-12 所示。

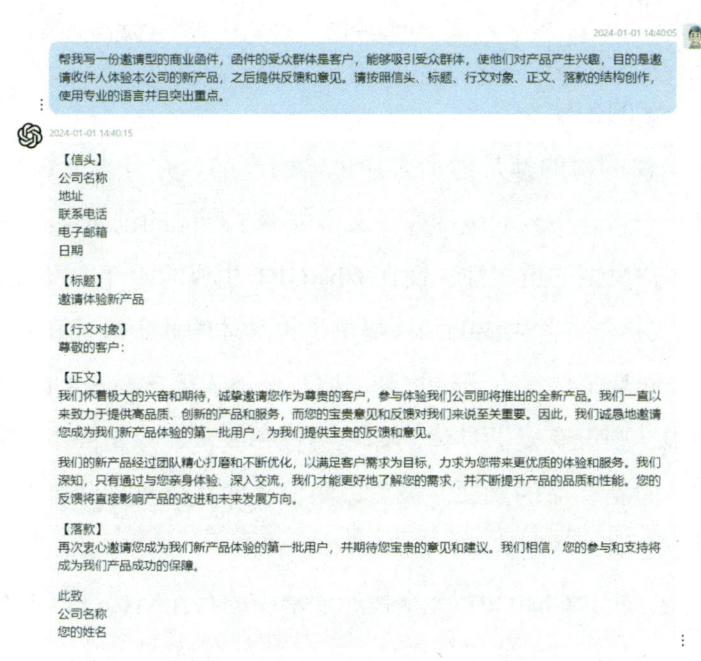

图 4-12　ChatGPT 生成商务函件

2. 使用"文心一言"

在"文心一言"的对话框中输入与对 ChatGPT 输入内容相同的文字，点击"发送"按钮，即可生成一份商务函件，如图 4-13 所示。

3. 案例对比与分析

在以上案例中，对两种 AI 软件使用了相同的提问内容，生成的文案存在共同点，也有一定的差异。

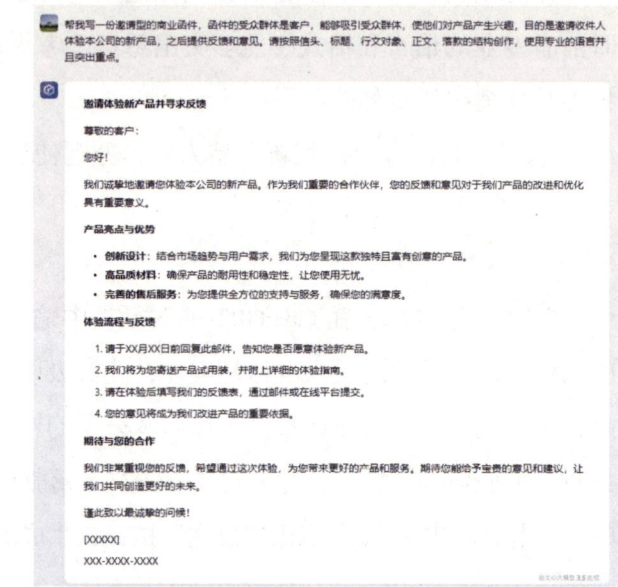

图 4-13 "文心一言"生成商务函件

两份函件的目的都是邀请客户体验新产品，并寻求反馈和意见。但是，"文心一言"生成的函件在正文中强调了产品的创新性和高品质，也强调了客户反馈的重要性；而在 ChatGPT 生成的函件中没有提到这些内容。"文心一言"生成的函件提供了更具体的体验流程和要求，比如要求客户回复邮件、寄送试用装、填写反馈表等；而在 ChatGPT 生成的函件中，则没有提供具体的体验流程和要求，只是简单地表达了邀请客户体验新产品的意愿。最后，两份函件在落款部分都表达了对客户的感激之情，并期待客户的反馈和建议。

从结构分析，ChatGPT 完全按照要求中的写作结构进行创作，"文心一言"生成的结果中缺少信头信息。从整体分析，"文心一言"生成的函件更加具体和详细，而 ChatGPT 生成的函件则更加简洁和笼统。

总体来说，在使用 AI 创作商务信函的过程中，需要注重专业性和准确性，同时也要站在对方的立场进行考虑，通过清晰的结构、专业的语言及适当的表达方式使函件更加有效。不同的 AI 软件创作具有不同的特点，因此可以结合多个软件共同创作，取长补短，整理出一份完美的商务函件。但在结合时，一定要遵循明确、言简意赅的原则，让收件人能够准确了解函件想要表达的主要内容。

4.6 活动策划案：创意无限，打造精彩活动

4.6.1 活动策划案的重要性

活动策划案是用来描述某项活动的过程和细节的文案，是顺利实现活动目标必需的内容。它的使用情况与很多因素有关，如目标受众、预算、活动主题、活动形式等，常见的使用场景有公司年会、商业展览、公益活动等。一份详细的活动策划案是成功举办这项活动的重要保障，并且可以使活动更有吸引力和影响力。

4.6.2 活动策划案的结构

①背景分析：介绍活动的目的、意义、受众和需求，为读者呈现活动的宏观视角。

②主题设定：需要确定活动的主题和关键词，选取和主题相关的元素和内容。

③活动流程设计：需要提前设计好活动的时间安排，保证各个环节

能够顺利通过；做好关键环节的细节准备，比如开场白、互动环节等。

④活动组织安排：根据活动主题选择合适的场地，明确主持人、演讲者和参与者等分工，计划好活动物资所需的预算等安排。

⑤宣传推广：首先需要确定活动的宣传渠道和内容，然后制作海报、邀请函、广告等宣传材料。

⑥注意事项：保证活动的合法性，提前预防突发状况，根据实际情况及时对活动进行调整和优化等。

4.6.3　AI 创作活动策划案

使用 AI 创作活动策划案的思路如下。

①按照策划案的基本结构，在创作之前需使 AI 明确活动目的和主题：活动目的决定活动的目标和方向；活动主题是灵魂，贯穿于整个活动。

②命令 AI 根据活动的目的和主题选择活动类型和形式，这部分需要结合实际的目的或受众群体。

③命令 AI 制订活动的流程，主要对活动的各个环节、时间安排、主要内容和负责人等进行安排。

④命令 AI 制订活动宣传方案、提供宣传渠道、制作宣传内容等。

⑤命令 AI 根据活动的内容和规模制订详细的预算方案。

⑥命令 AI 制订一份风险控制和安全预算的方案。

这里以策划一场新书发布会为例，分别使用"文心一言"和"天工 AI"创作活动策划案，具体的过程如下。

1. 使用"文心一言"

按照上述内容介绍的结构和创作思路，在"文心一言"的对话框中输入："请以策划总监的身份，按照活动的目标主题、活动类型形式、活动流程、宣传方案、预算、风险控制的流程，帮我策划一场新书发布会。受众群体是学生和工作者。目的是通过这场发布会宣传和推广新出版的书籍，吸引更多人购买和阅读这些书籍。”点击“发送”按钮，生成结果如图 4-14 所示。

好的，以下是一份新书发布会活动策划案，供您参考：

一、活动目标主题

本次新书发布会的主题是“开启智慧之门，探索无限可能”。通过本次活动，我们将宣传和推广一系列新出版的书籍，吸引更多人购买和阅读这些书籍。同时，我们也希望通过活动，激发学习和工作的热情，提升个人成长和职业发展的动力。

二、活动类型形式

本次新书发布会采用互动式的形式，包括主题演讲、作者分享、现场签售等环节，旨在让参与者更好地了解书籍内容和作者意图。此外，我们还将设置书籍展览区域，让参与者更直观地了解书籍的内容和设计风格。

三、活动流程

1. 开幕式（5分钟）：主持人介绍活动主题、目的和嘉宾，欢迎参与者参加本次活动。
2. 主题演讲（30分钟）：邀请一位知名作家发表主题演讲，分享自己的创作经历和心得体会，激发参与者的阅读兴趣。
3. 作者分享（20分钟）：邀请本次新书发布会的主角——多位作者上台分享自己的写作经历、创作背景和书籍内容等，让参与者更深入地了解书籍。
4. 现场签售（30分钟）：邀请作者进行现场签售，与参与者面对面交流，解答疑问并分享读书心得。
5. 书籍展览（30分钟）：设置专门的书籍展览区域，展示本次新出版的书籍，让参与者更直观地了解书籍的内容和设计风格。
6. 结束式（5分钟）：主持人总结本次活动的内容和收获，感谢参与者的到来和支持。

四、宣传方案

1. 社交媒体宣传：通过微博、微信、豆瓣等社交媒体平台发布活动海报和宣传文案，吸引目标受众的关注。
2. 媒体报道：邀请相关媒体进行报道，提高活动的知名度和影响力。
3. 邮件邀请：向目标受众发送邮件邀请，提醒他们参加本次活动。
4. KOL合作：与相关领域的知名人士合作，共同推广本次活动。

五、预算

1. 活动场地费用：XXX元；
2. 嘉宾邀请费用：XXX元；
3. 现场布置费用：XXX元；
4. 媒体报道费用：XXX元；
5. 其他费用：XXX元。

总预算：XXX元。

六、风险控制

1. 活动场地安全：确保活动场地安全无隐患，配置安全出口和灭火器等设施；
2. 嘉宾邀请可靠性：提前与嘉宾沟通行程安排和时间安排，确保嘉宾能够准时出席；
3. 现场秩序维护：配备专业保安人员维护现场秩序，确保活动的顺利进行；
4. 活动流程把控：提前对活动流程进行把控和安排，确保活动各个环节衔接流畅；
5. 媒体报道及时性：与媒体提前沟通报道计划和内容，确保活动的及时报道和宣传。

图 4-14　“文心一言”生成活动策划案

2. 使用“天工 AI”

在“天工 AI”的对话框中输入与对“文心一言”输入内容相同的

文字，点击"发送"按钮，生成结果如图4-15所示。

活动主题: 知识的力量——新书发布会
活动类型形式: 线上+线下结合的方式，线上直播发布会，线下实体书签售会。
活动流程:
1. 前期预热：通过社交媒体发布新书预告，吸引读者关注，同时，邀请媒体进行采访，发布新闻稿件，增加活动的知名度。
2. 线上发布会：通过直播平台进行线上发布会，邀请作者、编辑、出版社代表、知名书评人等参与，分享新书内容，解读新书价值，进行线上签售活动。
3. 线下签售会：在指定书店进行线下签售会，读者可以现场购买新书并与作者进行面对面交流。
4. 后期宣传：在活动结束后，通过媒体报道、社交媒体分享等方式，对活动进行回顾和总结，同时发布活动照片和视频，让更多人了解新书和活动情况。

宣传方案:
1. 媒体宣传：通过电视、广播、报纸、杂志等传统媒体进行宣传，提高活动知名度。
2. 社交媒体宣传：通过微博、微信、抖音等社交媒体进行活动预告和实时直播，吸引更多人参与。
3. 合作宣传：与相关领域的知名博主、KOL、公众号等进行合作宣传，扩大活动影响力。

预算:
1. 场地费用：线下签售会的场地费用。
2. 嘉宾费用：邀请的嘉宾的交通、住宿、餐饮费用。
3. 宣传费用：媒体报道、社交媒体宣传、合作宣传等的费用。
4. 活动物资：如宣传册、活动海报、礼品等的费用。
5. 其他费用：如保险费用、税费等。

风险控制:
1. 活动策划阶段，要充分考虑可能出现的问题，如嘉宾时间冲、场地问题、宣传效果不理想等，提前做好预案。
2. 活动执行阶段，要密切关注活动进程，及时解决可能出现的问题，保证活动顺利进行。
3. 活动结束后，要对活动效果进行评估，分析活动中的优点和不足，为下一次活动提供参考。

图4-15 "天工AI"生成活动策划案

3. 案例对比与分析

"文心一言"和"天工AI"生成的活动策划案都围绕着新书发布会的目标展开，目的都是宣传和推广新出版的书籍，吸引更多人购买和阅读。但在具体的内容和形式上，两份策划案存在一些差异。

①在活动类型和形式方面，"文心一言"提供的策划案是互动式的线下活动，包括主题演讲、作者分享、现场签售等环节；而"天工AI"提出的策划案则是线上与线下结合的方式，通过线上直播发布会+线下实体书签售会的形式进行，这种结合方式可以覆盖更广泛的受众群体，提供更多的参与机会。

②在宣传方案方面，两份策划案都注重利用社交媒体进行宣传，"文心一言"提供的策划案主要通过社交媒体宣传和邮件等方式邀请进

行，相对较为简单；而"天工 AI"提出的策划案则更加全面，除了社交媒体宣传，还包括传统媒体宣传、合作宣传等方式，覆盖面更广。

③在预算方面，两份策划案的费用包括场地费用、嘉宾费用、宣传费用、活动物资费用等，具体费用可能因活动规模、时间、地点等因素而有所不同。但总体来说，"天工 AI"提出策划案的预算可能相对较高，因为它采用了更多的宣传方式和更全面的活动安排。

④在风险控制方面，两份策划案都对可能出现的问题进行了预案和总结，但"天工 AI"给出的回答更加详细，针对活动策划阶段、执行阶段和结束后都进行了风险控制，包括密切关注活动进程、及时解决问题等。

活动策划案的最终目的是给主办方提供一份尽可能完美的方案，从而保证活动的顺利进行。在 AI 进行创作的同时，用户可通过不断地向 AI 提供更精准的信息，来帮助 AI 更好地生成策划案，帮助主办方实现活动的目标，提高活动的参与度和影响力。若 AI 生成的文案有不足的地方，可继续向 AI 发出优化的命令，直到生成一份完美的策划案。

4.7 职场沟通话术：有效沟通，提升职场竞争力

4.7.1 何为职场沟通话术

职场沟通话术是指在职场中与同事、领导、客户等沟通时所使用的话语。良好的沟通话术可以帮助职场人建立良好的人际关系、提高团队工作效率、促进团队合作、解决问题纠纷等。

4.7.2 职场沟通话术分类

根据情境和目的的不同，将职场沟通话术主要分为：汇报工作话术、请求支持话术、提出建议话术、反馈问题话术、接受批评话术等。汇报工作话术一般用于向领导或同事汇报工作进展、成果、问题等。请求支持话术一般用于向领导或同事请求协助和支持。提出建议话术一般用于向领导或同事提出自己的想法和建议。反馈问题话术一般用于向领导或同事反馈工作中的问题和错误。接受批评话术一般用于接受领导或同事的批评、建议等。

根据沟通的对象不同，将职场沟通话术主要分为：对领导的沟通话术、对同事的沟通话术、对客户的沟通话术、对其他部门的沟通话术、对下属的沟通话术等。对领导的沟通话术主要用于与领导进行沟通，目的是汇报工作进展、提出建议或请求支持等。对同事的沟通话术主要用于与同事进行日常工作中的沟通，包括请求协助、分享经验、讨论问题等，在表达时，要注重平等、友好、互相尊重的原则，避免产生矛盾和误解。对客户的沟通话术主要包括介绍产品或服务、解答疑问、处理投诉等。对其他部门的沟通话术主要包括协调工作、分享信息等。对下属的沟通话术主要包括布置任务、指导工作、给予反馈等，在表达时要注重清晰、具体、有建设性的原则，同时要注意鼓励和激发下属的工作热情和创造力。

4.7.3 AI 创作职场沟通话术

使用 AI 创作职场沟通话术的思路如下：首先，需要确定沟通对象，告诉 AI 将要与谁进行沟通；其次，需要使 AI 明确沟通的目的，比如解决问题、传达信息、表达感谢等；再次，对信息进行补充，比如整个话术要保持专业和礼貌，内容突出重点，在合适的场景下需要表达感谢和反馈；最后，生成相关文案。

这里以向领导汇报工作的沟通话术为例，分别使用 ChatGPT 和“AI 创作家”生成沟通话术。

1. 使用 ChatGPT

按照上述创作思路，在 ChatGPT 的对话框中输入：“我是 ×× 公司的一名员工，请帮我生成一份在正式场合中向领导汇报工作的沟通话术。”点击“发送”按钮，生成的结果如图 4-16 所示。

2024-01-02 22:05:37

当向领导汇报工作时，清晰有效的沟通话术非常重要。以下是一份向领导汇报工作的沟通话术示例：

尊敬的领导，您好。

我是XX公司的员工（你的姓名），我很荣幸有机会向您汇报我所负责的工作。

首先，我想向您简要介绍一下我所承担的工作职责和目标。在过去的一段时间里，我主要负责（列举具体工作内容和目标），我们团队努力致力于实现（工作目标），并且我很高兴地告诉您我们在这方面取得了一些显著的进展，比如（举例说明工作成果）。

另外，我也想和您分享一些遇到的挑战和困难，比如（列举具体挑战），我们已经采取了一些措施来解决这些问题，比如（说明解决措施），并且我们持续关注这些问题，确保工作效果的最大化。

除此之外，我们团队还在不断学习和改进，比如（举例说明学习和改进的成果），并且我们会继续努力，确保工作的高效和质量。

最后，我希望能听到您对我们工作的意见和建议，以及对未来工作的期望，我们会认真对待并采取行动来改进和完善。

非常感谢您抽出时间听取我的汇报，期待您的反馈和指导。

谢谢。

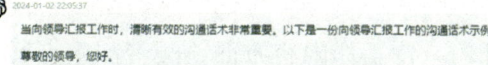

图 4-16　ChatGPT 生成职场沟通话术

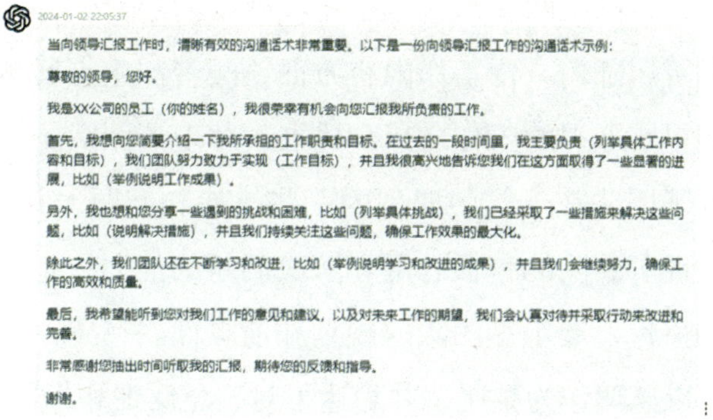

2. 使用“AI 创作家”

在“AI 创作家”的对话框中输入与对 ChatGPT 输入内容相同的文字，点击“发送”按钮，生成的结果如图 4-17 所示。

当然可以，以下是一份在正式场合中向领导汇报的沟通话术：

尊敬的领导，您好！

我是XX部门的XXX，今天非常荣幸能够在这里与您进行工作汇报和沟通。在接下来的时间里，我将简要介绍我们所取得的成果，并针对未来的工作计划和目标进行汇报。

首先，我想分享一下我们所取得的一些亮点和成果。在过去的一段时间里，我们团队在XX项目上取得了显著的进展。我们成功地完成了项目的各项任务，并且在时间、质量和成本方面都达到了预期的目标。同时，我们也积极参与了公司内部的其他项目，为公司的发展做出了积极的贡献。

然而，我们也面临一些挑战和问题。在XX项目中，我们遇到了一些技术难题，需要更多的时间和资源来解决。同时，我们也意识到团队协作和沟通方面存在一些不足之处，需要加强沟通和协调。针对这些问题，我们已经制定了相应的解决方案，并且已经开始实施。我们相信，在大家的共同努力下，这些问题将得到妥善解决。

关于未来的工作计划和目标，我们已经制定了详细的规划和时间表。我们将继续致力于提高工作效率和质量，不断优化我们的工作流程和流程细节。同时，我们也将积极寻求外部合作机会，为公司的发展注入新的动力。我们将以更高的标准、更严谨的态度、更专业的技能，为公司创造更多的价值。

最后，我想再次感谢领导一直以来对我们团队的支持和关心。我们将继续努力，不辜负您的期望，为公司的发展贡献自己的力量。如果您有任何建议或意见，也请您随时提出，我们将认真倾听并努力改进。

谢谢您的耐心聆听！祝您工作顺利！

以上是一份较为正式的汇报沟通话术，您可以根据实际情况进行调整和修改。在汇报过程中，保持自信、清晰、

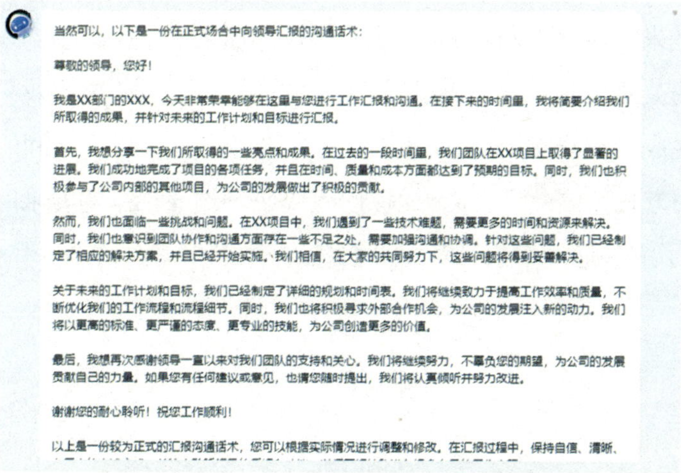

图 4-17　“AI 创作家”生成职场沟通话术

3. 案例对比与分析

以上两份职场沟通话术都是用于向领导进行工作汇报，它们在结构和内容上有一些相似之处，但也有一些差异。

在开场白方面，两份话术都表达了对领导的尊重和礼貌。在自我介绍方面，两者都包含了自我介绍的部分，让领导知道汇报人的身份和所属部门。在工作内容方面，两者都重点展示了团队在过去一段时间里所取得的工作成果和进展，体现了团队的工作价值和贡献；都提到了团队在工作中遇到的一些挑战和问题，并简要说明了解决措施，体现了团队的积极态度和解决问题的能力；都涉及了未来的工作计划和目标，展示了团队的规划和前瞻性。在感谢与期待反馈方面，两者都以感谢作为结尾，并表达了对领导反馈和指导的期待。

但是，"AI 创作家"生成的话术在描述工作成果、挑战和问题时更加具体和详细，举例说明了工作成果和解决措施，让领导能够更清楚地了解团队的工作情况；而 ChatGPT 生成的话术则相对简洁一些，没有过多地展开细节。"AI 创作家"生成的话术在未来计划中提到了积极寻求外部合作机会，为公司发展注入新动力；而 ChatGPT 生成的话术则没有提及对外合作的内容。

总体来说，以上两种 AI 生成的职场沟通话术都强调了向领导汇报工作时的关键要素，通过运用这些话术，可以提高汇报的效果和影响力，并促成与领导更好地沟通。在不同的场合，人与人之间的沟通需要不同的方式，因此，在向 AI 提出生成职场沟通话术的要求时，一定要使 AI 了解沟通的对象、背景等信息。

4.8 面试题库：全面覆盖，助你成为面试达人

4.8.1 面试题库的重要性

面试题库是一种搜集和整理大量有关面试问题的资料库。它为求职者的面试准备提供了参考材料，使求职者能够更加了解面试流程、锻炼面试技巧、增强自信，从而提高面试成功的概率。面试官通过题库能够了解面试者所需具备的专业技能和工作经验，有助于面试官对求职者进行评估。

4.8.2 面试题库分类

以下是一些常见的面试题库分类方式。

（1）根据面试类型的不同，面试题库主要分为结构化面试题库和非结构化面试题库等。

①结构化面试题库可以让面试官根据提前准备好的问题和评分标准进行提问和打分，能够确保面试结果的公平性和一致性。

②非结构化面试题库则是让面试官通过求职者的回答进行灵活提问和评估，更加考验求职者的个人素质和内在潜力。

（2）根据职位类型的不同，面试题库主要分为技术类面试题库、管理类面试题库和销售类面试题库等。

①技术类面试题库是针对技术岗位（如软件开发工程师、数据库开发人员等），考查求职者的技术能力和解决问题的能力。

②管理类面试题库是针对管理岗位（如部门经理、总经理等），

考查求职者是否具有领导能力、团队合作能力及管理经验等。

③销售类面试题库是针对销售岗位（如销售代表、客户经理）等，考查求职者的沟通能力、销售技巧等。

（3）根据行业的不同，面试题库主要分为金融业面试题库、互联网行业面试题库和制造业面试题库等。

①金融业面试题库是针对金融业，考查求职者对金融市场是否了解、是否具有风险管理意识和合规意识等。

②互联网行业面试题库是针对互联网行业，考查求职者的创新思维、对互联网技术了解的程度等。

③制造业面试题库是针对制造业，考查求职者对生产工艺、设备维护和质量控制等方面的了解程度，以及求职者以往的实践经验等。

（4）根据面试轮次可以分为初试题库、复试题库、终试题库等。

①初试题库主要用于了解求职者的基本信息、教育背景、项目经历及工作经历等，目的是筛选出符合基本要求的求职者。

②复试题库是在初试题库的基础上，更加深入了解求职者的专业能力、个人素质和内在潜力等，以确定是否适合应聘的岗位。

③终试题库是在复试题库的基础上，主要针对求职者的综合素质、职业规划和公司文化匹配度等方面，综合考虑是否适合公司的某一岗位。

4.8.3 AI创作面试题库

使用AI创作面试题库时，首先，需要告知AI所需面试题库的类型，因为不同的行业和不同的岗位所需的面试题库有所不同；其次，命令AI生成题目，经过面试题库类型的选择能够使生成的题目更具针对性与专业性；最后，命令AI进行整合梳理，为了提高面试题库的质量，还可以让AI给出面试的建议和注意事项等。

这里以面试算法工程师为例，分别使用"AI 创作家"和"智谱清言"创作面试题库，具体如下。

1. 使用"AI 创作家"

按照上述要求，在"AI 创作家"的对话框中依次输入"应聘算法工程师常见面试问题""面试追加问题，注意事项与建议"，进行两次提问，生成结果分别如图 4-18 和图 4-19 所示。

1. 基础问题：

- 什么是算法和数据结构？
- 能否解释一下深度优先搜索和广度优先搜索的区别？
- 常见的排序算法有哪些？它们的时间复杂度分别是多少？
- 什么是贪心算法？请解释一下它的原理和应用场景。
- 你对动态规划有什么理解？可以给我举一个例子吗？

2. 高级问题：

- 请描述一下你使用机器学习模型（如支持向量机、决策树、神经网络等）进行分类或回归问题的经验，包括数据准备、模型选择、模型优化等方面。
- 描述一下你实现一个图像识别算法（如卷积神经网络）的过程，包括模型设计和训练过程。
- 你有使用过分布式计算框架（如 Hadoop、Spark）进行大规模数据处理和机器学习建模的经验吗？可以介绍一下你的经历和体会。

3. 编程问题：

- 你能写一个使用哈希表实现的简单链表插入操作的算法吗？
- 你能解释一下冒泡排序算法的 Python 实现吗？
- 请描述一下你使用深度学习框架（如 TensorFlow 或 PyTorch）进行模型训练的经验，包括数据加载、模型定义、损失函数、优化器等方面。

图 4-18 "AI 创作家"生成面试题库

面试追加问题

1. 项目经验：请介绍一下你参与过的与算法和数据结构相关的项目，你在项目中负责了哪些工作？
2. 算法实现：能否给出一个你实现过的复杂算法的例子，并解释一下你是如何解决这个问题的？
3. 代码质量：你如何保证你写的代码质量？你能给我展示一下你以前写的代码吗？你认为这段代码有哪些可以改进的地方？
4. 学习能力：你在学习新算法或框架时通常如何进行？你有没有参加过相关的培训或课程？

注意事项与建议：

1. 充分准备：在面试前，要对算法和数据结构的基础知识有深入的了解，并准备好与项目经验、编程能力、机器学习等相关问题的答案。
2. 突出重点：在面试中，要突出自己与算法和数据结构相关的经验，尤其是项目中负责的关键任务和成果。
3. 诚实自信：在回答问题时要保持诚实，同时也要展现自己的自信。如果不知道答案，可以诚实地告诉面试官，但也要尝试回忆并给出合理的解释。
4. 展示成果：如果参与过相关的项目或工作，可以携带相关成果或作品集进行展示，以证明自己的实力和能力。
5. 注意细节：在面试过程中，要注意着装、言行举止等细节，展现出专业、礼貌和自信的态度。

图 4-19 "AI 创作家"补充回答

2. 使用“智谱清言”

在“智谱清言”的对话框中输入与对“AI 创作家”输入内容相同的文字，进行两次提问，生成结果如图 4-20 和图 4-21 所示。

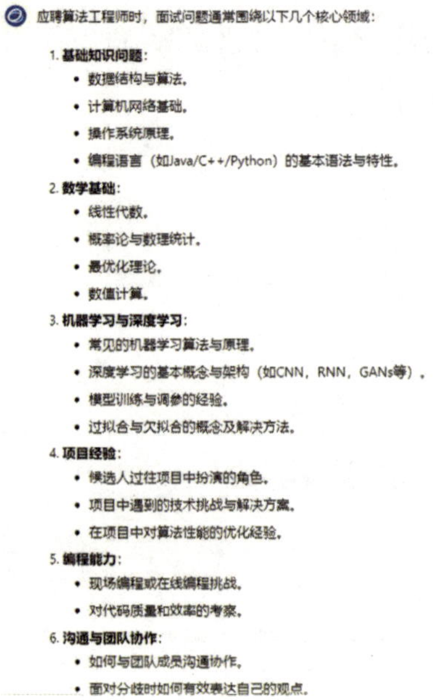

应聘算法工程师时，面试问题通常围绕以下几个核心领域：

1. **基础知识问题**：
   - 数据结构与算法。
   - 计算机网络基础。
   - 操作系统原理。
   - 编程语言（如Java/C++/Python）的基本语法与特性。
2. **数学基础**：
   - 线性代数。
   - 概率论与数理统计。
   - 最优化理论。
   - 数值计算。
3. **机器学习与深度学习**：
   - 常见的机器学习算法与原理。
   - 深度学习的基本概念与架构（如CNN，RNN，GANs等）。
   - 模型训练与调参的经验。
   - 过拟合与欠拟合的概念及解决方法。
4. **项目经验**：
   - 候选人过往项目中扮演的角色。
   - 项目中遇到的技术挑战与解决方案。
   - 在项目中对算法性能的优化经验。
5. **编程能力**：
   - 现场编程或在线编程挑战。
   - 对代码质量和效率的考察。
6. **沟通与团队协作**：
   - 如何与团队成员沟通协作。
   - 面对分歧时如何有效表达自己的观点。

图 4-20 “智谱清言”生成面试题库

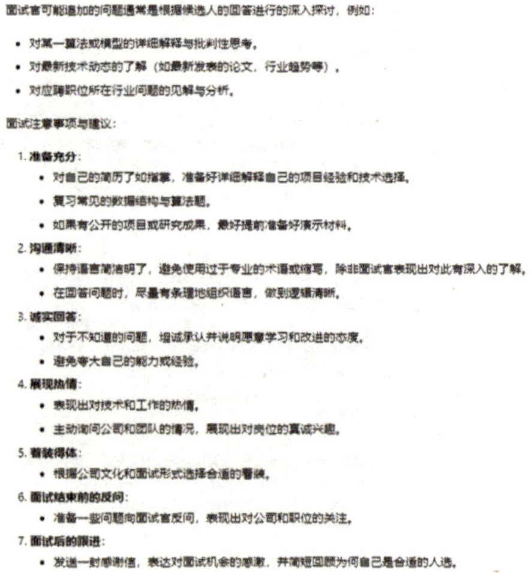

面试官可能追加的问题通常是根据候选人的回答进行的深入探讨，例如：

- 对某一算法或模型的详细解释与批判性思考。
- 对最新技术动态的了解（如最新发表的论文，行业趋势等）。
- 对应聘职位所在行业问题的见解与分析。

面试注意事项与建议：

1. **准备充分**：
   - 对自己的简历了如指掌，准备好详细解释自己的项目经验和技术选择。
   - 复习常见的数据结构与算法题。
   - 如果有公开的项目或研究成果，最好提前准备好演示材料。
2. **沟通清晰**：
   - 保持语言简洁明了，避免使用过于专业的术语或缩写，除非面试官表现出对此有深入的了解。
   - 在回答问题时，尽量有条理地组织语言，做到逻辑清晰。
3. **诚实回答**：
   - 对于不知道的问题，坦诚承认并说明愿意学习和改进的态度。
   - 避免夸大自己的能力或经验。
4. **展现热情**：
   - 表现出对技术和工作的热情。
   - 主动询问公司和团队的情况，展现出对岗位的真诚兴趣。
5. **着装得体**：
   - 根据公司文化和面试形式选择合适的着装。
6. **面试结束前的反问**：
   - 准备一些问题向面试官反问，表现出对公司和职位的关注。
7. **面试后的跟进**：
   - 发送一封感谢信，表达对面试机会的感激，并简短回顾为何自己是合适的人选。

图 4-21 “智谱清言”补充回答

3. 案例对比与分析

将以上两种 AI 生成的内容进行对比，可以发现它们都提到了应聘算法工程师时可能遇到的问题和注意事项。“智谱清言”生成的面试题库更加宏观，给出了一个较大的范围，而“AI 创作家”生成的面试题库更加具体。在追加问题方面，两者都是围绕常见的面试问题进行展开的；在注意事项与建议方面，两者的整体差距不大。如果需要生成更加具体的面试问题，可以继续向 AI 提出要求。

综上所述，AI 生成面试题库具有以下优点：能够帮助面试官更加深入且全面地了解求职者，能够从多方面更好地评估求职者的知识、技能、经验等；AI 可以快速生成大量符合逻辑的问题，能够提高面试官的面试效率；帮助求职者充分准备面试，从而提高面试的通过率；能够增加面试的多样性和深度，帮助公司改进招聘流程等。但是，值得注意的是，AI 生成的问题可能存在一些随机性，因此在使用时需要谨慎筛选并整理，保证面试问题的有效性和针对性。

4.9 商业计划书：展现实力，赢得投资青睐

4.9.1 了解商业计划书

商业计划书是一种能够详细描述企业或项目的文件，它主要对商业中存在的机会、当前市场分析、战略规划、公司或项目的财务规划、运营模式等方面进行描述。它能够面向投资者、战略合作伙伴、潜在的利益相关人员传达愿景、商业模式及发展计划等。它是一份全面的指南，能帮助企业或创业者在商业决策和发展过程中做出更好的决策。

4.9.2 商业计划书的结构

商业计划书的结构在不同使用场景中有所不同，但基本内容如下。

①封面和目录：商业计划书的封面应包含公司名称、LOGO 等与该公司有关的关键信息；目录应列出整个计划书每部分对应的页码，方便他人浏览。

②概述：它是商业计划书的开头，需要提供对企业或项目的简要介绍。

③市场分析：这部分包括对该商业领域内市场的深入研究和分析，可以从市场定位、市场规模、未来增长趋势、目标客户群体、同领域竞争对手分析等方面进行。

④产品或服务：这部分需要具体介绍企业所提供的产品或服务，可以从产品的特点、功能、优势等方面入手。

⑤经营模式：这部分需要介绍企业或项目的运营方式和商业模式，可以从提供产品或服务、商业供应链管理、关键合作伙伴等方面进行描述。

⑥市场营销策略：这部分需要介绍如何推广和销售自己的产品或服务，可以从目标市场定位、品牌策略、定价策略、促销计划和销售渠道等方面进行。

⑦组织与管理：这部分需要介绍企业的组织结构和管理团队，主要内容有关键团队成员的相关信息、管理层的组织架构及决策流程等。

⑧财务计划：这部分包括详细的财务信息和预测，可以从资金需求、资金具体来源、未来收入预测、成本结构、盈利预测等方面进行介绍。

⑨风险管理：这部分需要识别和评估未来可能影响企业成功的风险因素，还要提供应对风险管理的措施。

⑩实施计划：这部分需要有行动步骤和时间表。

⑪总结和附录：总结需要对整个计划进行概述以及强调重点；附录包括支持材料，如市场调查数据、合同范本等。

4.9.3　AI创作商业计划书

使用AI创作商业计划书时，首先，需要确定商业模式，使AI了解创作者的产品或服务、商业目标等信息；其次，命令AI确定计划书的结构，根据结构要求创作出商业计划书初稿；最后，对初稿进行审查和修改，确保没有不准确的信息。

这里以一份有关销售小学生课外阅读书籍的商业计划书为例，分别使用“文心一言”和“智谱清言”生成，具体如下。

1. 使用“文心一言”

按照上述创作要求，在“文心一言”的对话框中输入：“从概述、市场分析、产品服务、经营模式、市场营销策略、组织与管理、财务计划、风险管理、实施计划、总结这几个方面生成一份有关小学生课外阅读书籍销售的商业计划书。”点击“发送”按钮，生成结果的部分内容如图 4-22 所示。

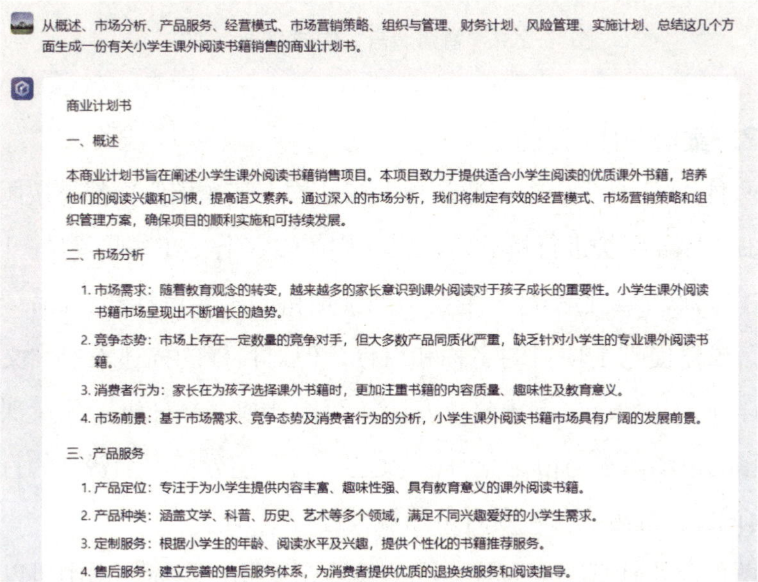
从概述、市场分析、产品服务、经营模式、市场营销策略、组织与管理、财务计划、风险管理、实施计划、总结这几个方面生成一份有关小学生课外阅读书籍销售的商业计划书。

商业计划书

一、概述

本商业计划书旨在阐述小学生课外阅读书籍销售项目。本项目致力于提供适合小学生阅读的优质课外书籍，培养他们的阅读兴趣和习惯，提高语文素养。通过深入的市场分析，我们将制定有效的经营模式、市场营销策略和组织管理方案，确保项目的顺利实施和可持续发展。

二、市场分析

1. 市场需求：随着教育观念的转变，越来越多的家长意识到课外阅读对于孩子成长的重要性。小学生课外阅读书籍市场呈现出不断增长的趋势。
2. 竞争态势：市场上存在一定数量的竞争对手，但大多数产品同质化严重，缺乏针对小学生的专业课外阅读书籍。
3. 消费者行为：家长在为孩子选择课外书籍时，更加注重书籍的内容质量、趣味性及教育意义。
4. 市场前景：基于市场需求、竞争态势及消费者行为的分析，小学生课外阅读书籍市场具有广阔的发展前景。

三、产品服务

1. 产品定位：专注于为小学生提供内容丰富、趣味性强、具有教育意义的课外阅读书籍。
2. 产品种类：涵盖文学、科普、历史、艺术等多个领域，满足不同兴趣爱好的小学生需求。
3. 定制服务：根据小学生的年龄、阅读水平及兴趣，提供个性化的书籍推荐服务。
4. 售后服务：建立完善的售后服务体系，为消费者提供优质的退换货服务和阅读指导。

图 4-22 “文心一言”生成商业计划书

2. 使用“智谱清言”

在“智谱清言”的对话框中输入与对“文心一言”输入内容相同的文字，点击“发送”按钮，生成的部分结果如图 4-23 所示。

> 写一份儿童课外阅读书籍的商业策划书，基本结构主要包括封面和目录、概述、市场分析、产品或服务、经营模式、市场营销策略、组织与管理、财务计划、实施计划、总结和附录这个几方面。

◎ 一、封面和目录

1. 书名：《儿童课外阅读书籍商业策划书》
2. 编写人：张三
3. 日期：2021年8月
4. 目录：概述 市场分析 产品或服务 经营模式 市场营销策略 组织与管理 财务计划 实施计划 总结 附录

二、概述

本策划书旨在为儿童课外阅读书籍的商业运营提供全面、系统的规划和指导。通过分析市场现状，明确产品定位，制定合理的经营模式和市场营销策略，以及有效的组织与管理，财务计划和实施计划，为儿童课外阅读书籍的商业运营提供有力支持。

三、市场分析

1. 市场需求：随着家长对子女教育的重视，儿童课外阅读市场正逐渐扩大，对高质量、有益于儿童成长的课外阅读书籍的需求也在不断增长。
2. 市场竞争：当前市场上，儿童课外阅读书籍品牌众多，竞争激烈。要想在市场中脱颖而出，需要提供具有独特价值和特色的书籍产品。
3. 市场机会：我国对文化产业的大力扶持以及家长对子女教育的投入，为儿童课外阅读书籍市场提供了广阔的发展空间。

图 4-23 "智谱清言"生成商业计划书

3. 案例对比与分析

两种 AI 工具生成的商业计划书在结构上基本相似，都是按照商业计划书的标准结构进行撰写的，但它们在内容上存在一些差异。比如，在概述方面，"文心一言"主要强调了项目的主要目标和意图；"智谱清言"虽然提到了项目的名称和目标，但对目标的描述没有"文心一言"详细。又如，在市场分析方面，两份计划书都分析了儿童课外阅读书籍的市场需求与市场竞争，"文心一言"还分析了消费者的行为和市场前景，"智谱清言"则对市场规模进行了分析。

两份商业计划书各有优势和侧重点，因此，实际使用中可以根据实际情况和需求，适当结合多种 AI 生成的内容，制订出更为全面和详细的商业计划书。

4.10 通知：
言简意赅，确保信息有效传达

4.10.1 通知的作用

通知是向个人或团体发送信息的一种方式，可用于传递比较重要的消息、提醒、更新等内容。常见的通知有书面内容、电子邮件、短信、电话等形式。通知能够将信息传递给对应的个人或团体，提醒某个事件、任务等即将到来，还可以用于个人或团体之间的互动。在通知的创作和传递中需要确保信息准确无误。

4.10.2 通知的结构

通知的结构需要根据具体的内容来设计，但基本内容如下。

①标题或主题：这部分需要简明扼要地概括整个通知的主要内容，使接收者看到后能够直接了解通知的重点。

②具体时间：通知一般是具有时效性的，因此应该包括通知内容计划发生的具体时间。

③发布者信息：这部分需要包括发布者的姓名、职位等信息。当接收者看到通知来源时能够了解信息来源的可靠度，当对通知有疑问时可以与发布者联系进行确认。

④正文内容：这部分是整个通知最为重要的内容，需要介绍通知的目的、内容、提醒事项等，同时要注意描述应清晰简洁，使接收者得到指导并采取相应行动。

⑤结尾和署名：通常结尾部分需要有感谢、问候等结束语；署名需要包括发布者的信息及发布时间。

⑥附件或补充信息：有的通知涉及其他信息，可以在通知中提供相关附件，以便接收者能够获取更多的信息。

4.10.3 AI 创作通知

使用 AI 创作通知时，首先，需要确定让 AI 了解通知的类型和目的，如紧急通知、公告通知等；其次，需要收集通知中的相关信息，如时间、地点、内容等；再次，让 AI 根据通知的结构框架及目前已知的信息，生成一份初步的通知文本；最后，审查 AI 生成的通知是否有不合理之处，通过不断地向 AI 提问进行优化。另外，在实际使用过程中，可能需要人为的干预，确保通知的准确性与适用性。

这里以某小区周日 13 点到 16 点停电的通知为例，分别使用"文心一言"和"AI 创作家"生成，具体如下。

1. 使用"文心一言"

按照上述要求，在"文心一言"的对话框中输入："为了完成电力设备维护和检查，某小区本周日 13 点到 16 点停电，请按照'标题、具体时间、发布者信息、正文内容、结尾和署名'的结构写一则通知。"点击"发送"按钮，生成的结果如图 4-24 所示。

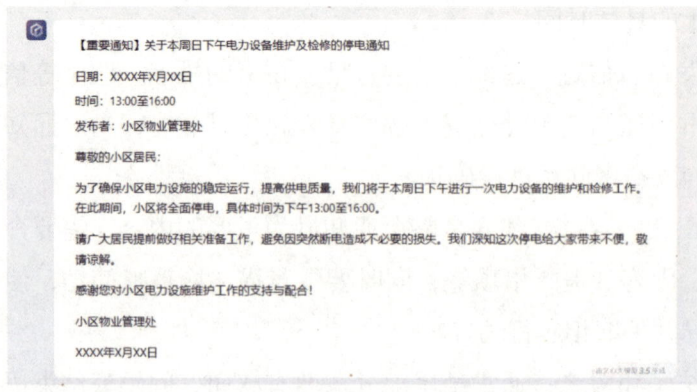

图 4-24 "文心一言"生成通知

2. 使用"AI 创作家"

在"AI 创作家"的对话框中输入与对"文心一言"输入内容相同的文字，点击"发送"按钮，生成的结果如图 4-25 所示。

尊敬的小区居民：
您好！
为了确保小区电力设施的维护和检修，我司决定在本周日13点到16点对小区进行停电。在此期间，您将无法使用电力设备，敬请谅解。
以下是有关停电的具体事项：
一、停电时间：本周日13点到16点
二、停电范围：小区内所有电力设施
三、停电原因：电力设施维护和检修
为了确保您的正常生活和工作不受影响，我们建议您提前做好以下准备：
一、请提前关闭所有电器设备，以免在停电期间造成不必要的损失
二、如果你需要使用空调或热水器等设备，请提前备好备用电源请保持手机畅通，以便在停电期间与电力公司或小区物业联系
三、在此期间，我们也将密切关注电力设施的维护和检修情况，如有可能将尽快恢复供电。
请您不必过分担心，相信我们的合作与配合将确保本次停电工作顺利进行。如您对此通知有任何疑问或需要进一步协助，请联系小区物业或当地电力公司。感谢您的理解和配合！
敬请注意安全！

小区物业服务中心
日期：XXXX 年 XX 月 XX 日

图 4-25 "AI 创作家"生成通知

3. 案例对比与分析

这两份通知的主要区别在于措辞和详细程度。"文心一言"生成的通知较为简洁，只告知了停电的时间、原因和需要居民的配合；"AI 创作家"生成的通知则更为详细，不仅提供了关于停电的详细信息，还给出了更多的建议和注意事项，如建议居民提前关闭电器设备、备好备用电源等。总体来说，"AI 创作家"生成的通知更加详细、周到，更能够让居民了解停电的具体情况，从而更好地应对。

以上是两种 AI 生成的初步文案，在实际使用过程中，为保证 AI 创作的通知的质量和效果，用户需在整体上把握正式性、准确性、针对性等，如果有不当之处，可继续命令 AI 完善优化。最后，需人工再次确认通知内容是否有不合理之处，若无即可发布。

第 5 章　新媒体创作

5.1 文案选题：挖掘创意，策划精彩内容起点

5.1.1 文案选题的重要性

在新媒体创作中，确定文案选题是提高写作质量的关键环节之一。通过对选题的深入分析和思考，能够更好地把握文章的主题和思路，提高创作的针对性和实效性。同时，一个好的选题能够吸引读者的注意力，增加点击率和阅读量。如今，人们对信息的筛选和接受有着更高的门槛，因此，确定一个新颖、独特、引人注目的选题，能够更好地吸引读者的注意力，增强信息的传播效果。

5.1.2 AI 生成文案选题的流程

①确定核心主题：内容的核心主题是新媒体创作的基础，也是与读者的主要连接。比如，如果是写亲子教育方面的文案，就在这个话题内找选题，进行深耕。

②确定目标受众：明确目标受众的特点，如阅读习惯、文化背景和兴趣爱好等，这将有助于选择适合的写作语言风格，以更好地吸引读者。

③生成选题：基于对核心主题和目标受众的分析，开始生成选题。

④细化要求:当创作者看到 AI 生成的选题后,可以明确提出自己的需求和期望,包括选题方向、期望效果等,为 AI 提供更具体的指导。通过明确的指导,AI 可以更好地理解创作者的需求,从而生成更符合要求的选题。

需要注意的是,尽管 AI 可以辅助进行新媒体写作文案选题,但仍然需要创作者的智慧和判断力来进行最终的决策和创作。

5.1.3 AI 生成文案选题

下面,我们使用"文心一言"和"智谱清言"来进行案例演示。

1. 使用"文心一言"

按照上述内容介绍的文案选题流程,在"文心一言"的对话框中输入:"我计划创作一系列关于亲子教育的新媒体内容,特别关注科技在亲子沟通中的应用。我的目标受众是年轻父母,他们注重实用性和前沿的教育理念,请为我推荐相关的选题。"点击"发送"按钮,生成结果如图 5-1 所示。

以下是根据您的要求,为您推荐的关于亲子教育的新媒体内容选题,特别关注科技在亲子沟通中的应用,并考虑到年轻父母注重实用性和前沿教育理念的特点:

1. **科技助力亲子阅读:智能设备在亲子共读中的应用探索**
   - 这个选题可以深入探讨如何利用智能设备增强亲子共读的体验,比如通过电子书、有声书、互动阅读应用等方式,让亲子阅读更加有趣和高效。
2. **AI教育玩具:如何帮助亲子建立更紧密的互动关系**
   - 探讨市场上流行的AI教育玩具如何为亲子互动提供新的契机,以及如何通过这些玩具培养孩子的各项能力。
3. **虚拟现实与亲子游戏:打造沉浸式的亲子互动体验**
   - 分析虚拟现实技术在亲子游戏中的应用,探讨如何通过这种技术为亲子提供全新的游戏和互动体验。
4. **智能家居与亲子生活:科技如何提升家庭教育的便捷性**
   - 探讨智能家居设备如何帮助年轻父母更便捷地进行家庭教育,如智能摄像头监控孩子学习、智能音箱辅助亲子活动等。
5. **在线亲子课程:科技驱动的家庭教育新模式**
   - 分析在线亲子课程的优势和劣势,以及如何选择适合孩子的在线课程,帮助父母更好地利用科技资源进行家庭教育。

这些选题均紧密围绕亲子教育、科技融合以及年轻父母的实际需求,旨在提供既实用又具前瞻性的内容创作方向。您可以根据自己的兴趣点和专长,选择其中一个或多个主题进行深入挖掘和创作。

图 5-1 "文心一言"针对文案选题的生成结果

2. 使用"智谱清言"

在"智谱清言"的对话框中输入与对"文心一言"输入内容同样的文字,点击"发送"按钮,即可生成相应的选题建议,结果如图5-2所示。

> 针对您的目标受众,以下是一系列关于亲子教育,特别是科技在亲子沟通中应用的选题推荐,这些选题旨在提供实用性和前沿的教育理念。
>
> 1. "智能育儿助手:如何利用AI技术优化亲子沟通"
>   - 探讨人工智能在识别和理解儿童情绪、提供个性化育儿建议方面的应用。
> 2. "数字桥梁:家长如何通过社交媒体与孩子建立有效沟通"
>   - 分析社交媒体在亲子沟通中的作用,以及如何安全、有效地使用这些平台。
> 3. "游戏化学习:如何用电子游戏提升亲子互动质量"
>   - 介绍适合家庭共同参与的电子游戏,以及这些游戏如何促进家长与孩子之间的互动和学习。
> 4. "亲子编程时光:一起学习编程,加强亲子关系"
>   - 分享亲子编程活动的案例和教程,强调编程作为一种新的亲子互动方式。
> 5. "智能监控与隐私:平衡科技在亲子教育中的使用"
>   - 讨论在使用智能监控设备时如何保护孩子的隐私,同时确保他们的安全。
> 6. "科技助力情感教育:如何用虚拟现实培养孩子的同理心"
>   - 展示虚拟现实技术在情感教育中的应用,以及它如何帮助孩子们更好地理解他人。
> 7. "在线教育平台的选择:为您的孩子找到最适合的学习工具"
>   - 提供指南,帮助家长为孩子选择合适的在线教育平台和资源。
> 8. "科技时代的家庭教育策略:如何培养孩子的自主学习能力"
>   - 分享如何利用科技工具激发孩子的学习兴趣,培养他们的自主学习能力。
> 9. "亲子共读2.0:电子书与有声书在家庭教育中的应用"
>   - 探讨电子阅读和有声书如何为传统的亲子共读带来新的体验。
> 10. "科技辅助的亲子活动:利用智能家居创造互动环境"
>   - 介绍如何利用智能家居设备设计有趣的亲子活动,增进家庭成员间的联系。
> 11. "屏幕时间的艺术:如何科学管理孩子的电子设备使用"
>   - 提供策略和建议,帮助家长合理规划孩子的屏幕时间,避免过度依赖。
> 12. "未来教育趋势:探索增强现实(AR)在亲子教育中的潜力"
>   - 分析增强现实技术如何为亲子教育带来新的视角和互动方式。
>
> 这些选题不仅聚焦于科技在亲子沟通中的应用,还考虑到了年轻父母对于教育内容实用性和前沿性的需求,有助于吸引他们关注并参与您的媒体内容。

图 5-2 "智谱清言"针对文案选题的生成结果

3. 案例对比与分析

"文心一言"和"智谱清言"各自生成的结果在内容上都是针对亲子教育中科技应用的相关选题建议,都强调了实用性和前沿教育理念,并且都考虑了年轻父母的需求。两者都提供了多个具体的选题方向,帮助策划者了解科技在亲子沟通和教育中的应用。

但是,两者在选题的侧重点上存在一些差异。"文心一言"生成的选题侧重于科技产品在亲子教育和沟通中的具体应用，如智能设备在亲子阅读、AI 教育玩具、虚拟现实游戏、智能家居及在线课程等方面的应用。这些选题更偏向于技术的直接应用和其带来的亲子互动方式的创新。"智谱清言"生成的选题则更广泛地涵盖了科技在亲子沟通中的多个层面，包括 AI 技术在亲子沟通中的优化、社交媒体的使用、游戏化学习、亲子编程、智能监控与隐私保护、情感教育、在线教育平台选择、自主学习能力培养等。这些选题不仅关注技术的应用，还深入探讨了科技对亲子关系、教育方式、情感交流等方面的影响。

此外，两者在细节和深度上也有所不同。"文心一言"生成的选题相对更聚焦于具体的技术应用和场景，提供了较为详细的探索方向，如智能设备在亲子阅读中的具体应用方式；而"智谱清言"生成的选题则更为全面，涵盖了从技术应用到教育理念、家庭教育策略等多个方面，对每个选题都提供了较为深入的分析和探讨方向。

总体来说，两者的回答都体现了对亲子教育与科技应用融合趋势的敏锐把握和深入探索，为新媒体内容的创作提供了丰富的素材和灵感。用户可以根据自己的创作需求和喜好选择适合的选题方向。

5.2 文章标题：
短小精悍，一句话抓住读者眼球

5.2.1 文章标题的重要性

标题在文章中扮演着至关重要的角色，它在很大程度上决定了读者是否会继续阅读这篇文章。标题是文章内容的浓缩和提炼，一个好的标题能够准确地传达文章的主题和核心信息，使读者在阅读前就能对文章内容有所了解。人们每天都会接收到大量的信息，一个引人入胜的标题是吸引读者注意力的关键，能使这篇文章脱颖而出。

5.2.2 AI 撰写文章标题的流程

①提出要求：向 AI 提出具体要求，包括想要标题涉及的主题或内容、目标受众及标题风格或语气等。

②生成标题：明确提出要求后，AI 工具就会自动生成一系列可能的标题。

③筛选和优化：查看 AI 生成的标题，并从中选择最适合内容的一个或多个标题；如果需要，可以对选定的标题进行微调或优化，以确保符合要求和目标受众的喜好。

5.2.3 AI 生成文章标题

下面，我们使用 ChatGPT 和 "AI 创作家" 来进行案例演示。

1. 使用 ChatGPT

在 ChatGPT 的对话框中输入："请帮我提供一些爆款标题，核心主题为抗老面霜推荐，目标受众为有初抗老需求的年轻人，风格为幽默风趣，投放平台为小红书。"点击"发送"按钮，生成结果如图 5-3 所示。

图 5-3 ChatGPT 生成文章标题

如果用户对 ChatGPT 生成的标题不满意，可以提供反馈，以便 ChatGPT 做进一步的优化。在反馈时，尽量明确表达不满意的原因，并指出希望在新的标题中增加的细节或改进的地方。如图 5-4 所示，在本次提问中要求增加紧迫感和吸引力，ChatGPT 将会生成更加全面的标题。

第5个标题后半句没有吸引力，其他标题的表述可以增加些紧迫感和吸引力，请再优化一下这10个标题。

1. 【抗老面霜大公开】年轻人也要提前预防老化，抓住青春尾巴！
2. 【抗老面霜测评】年轻人也可以拥有嫩嫩肌肤，年轻就要敢抗老！
3. 【年轻人也要抗老】别等到皱纹来敲门才后悔！抗老就要现在开始！
4. 【年轻人的抗老秘籍】从现在开始就要做好抗老准备！抓住青春，不让岁月留痕！
5. 【抗老面霜推荐】年轻人也要赶紧行动啦！守护肌肤，守住青春！
6. 【抗老面霜大揭秘】年轻人也可以有紧致肌肤！抗老不是等到老再来，而是现在就开始！
7. 【抗老面霜试用报告】年轻人也要对抗岁月啊！拒绝老化，从肌肤开始！
8. 【年轻人的抗老计划】从现在开始就要做好抗老准备！守护年轻，守护自己！
9. 【年轻人也要抗老】拒绝成为皱纹的囚徒！让抗老成为年轻的座右铭！
10. 【抗老面霜大公开】年轻人也需要关注肌肤抗老！抓住青春，不让岁月轻易溜走！

图 5-4　ChatGPT 润色修正结果

2. 使用“AI 创作家”

在“AI 创作家”的对话框中输入与对 ChatGPT 输入内容相同的文字，点击“发送”按钮，生成结果如图 5-5 所示。

同样对其提出增加紧迫感和吸引力的优化要求，生成标题如图 5-6 所示。

当然可以，以下是一些针对抗老面霜的爆款标题建议，以幽默风趣的风格为主，适合投放给有初抗老需求的年轻人：

1. “笑出泪来的抗老面霜！我敢打赌你用了之后不会笑出声！”
2. “初抗老神器！这面霜让我秒变冻龄女神！”
3. “面霜界的‘喜剧之王’，让你轻松告别‘黄脸婆’称号！”
4. “告别‘熊猫眼’，轻松拥有抗老面霜！不信你试试！”
5. “我的抗老秘密武器！笑出泪的面霜让你瞬间焕发青春活力！”
6. “不再怕镜头怼脸拍！这面霜让你逆龄生长不是梦！”
7. “这面霜让我笑出泪，却也让我年轻了5岁！”
8. “逆转时光的魔法面霜！你知道它的名字吗？”
9. “亲测有效！这款抗老面霜比咖啡还要神奇！”
10. “换个面霜，逆龄翻盘！这效果简直无法用言语表达！”

这些标题旨在用幽默和风趣的方式吸引年轻人的注意力，同时传达出抗老面霜的有效性和吸引力。希望这些建议能对你有所帮助！

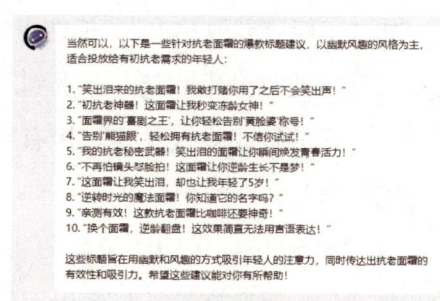

图 5-5　“AI 创作家”生成文章标题

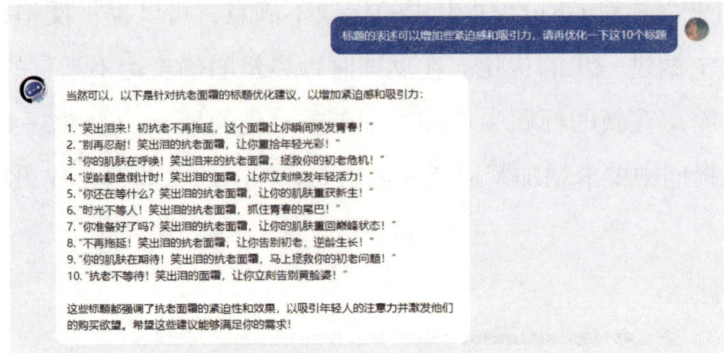

图 5-6 "AI 创作家"润色修正结果

3. 案例对比与分析

将 ChatGPT 和"AI 创作家"各自生成的结果对比与分析后发现,两者生成的标题在内容和风格上都存在明显的区别。

ChatGPT 生成的标题更注重直接描述产品效果和受众感受,如"年轻人也要提前预防老化,抓住青春尾巴""拒绝成为皱纹的囚徒!让抗老成为年轻的座右铭"等,直击要害,强调了抗老面霜对于保持年轻肌肤的关键作用。同时,这些标题还巧妙地引导了受众的情感体验,如"年轻就要敢抗老""抓住青春,不让岁月留痕"等,让年轻读者在阅读时能够产生共鸣,感受到品牌对年轻群体的深切关怀和贴心服务。这样的标题设计不仅直接有效地传达了产品信息,还增强了受众的购买信心和品牌忠诚度。

而"AI 创作家"的结果则更加幽默和生动,充满了创意和想象力,如"你的肌肤在期待!笑出泪的抗老面霜,马上拯救你的初老问题"等。通过富有想象力和生动的描述,让受众产生情感共鸣,激发他们对产品的兴趣和好奇心。

总体来说,两者都遵循了幽默风格的要求,但在具体的表达方式和效果上有所不同,ChatGPT 更注重直接和实效,而"AI 创作家"则更注重创意和趣味性。选择哪种风格的标题更合适，取决于用户个人的喜好和投放平台的定位。

5.3 小红书文案：玩转平台，打造爆款笔记

5.3.1 小红书文案的重要性

小红书是一款以生活方式、美妆时尚等内容为主的社交电商平台，它拥有庞大的用户群体和丰富的内容资源。创作者通过分享自己的经验、知识、技能等内容来吸引用户的关注和参与，为观众提供有用的信息和灵感，形成知识交流与反馈循环。因此，高质量的文案对于小红书创作者来说非常重要。

5.3.2 小红书文案的流程

①确定主题和目标受众：在开始创作前，需要明确内容主题及目标受众，以便针对受众需求进行内容规划和语言表达。

②内容创作与编辑：根据确定的主题，开始撰写文案，注意文案应该简洁明了、有吸引力，同时符合小红书的风格；如果需要，可以添加图片或视频来丰富内容，图片和视频应该清晰美观，与文案内容相匹配。

③发布和分享：将最终确定的内容发布到小红书平台，并分享给目标受众，注意遵守小红书的规定和要求，确保内容符合平台规范。

5.3.3 AI 进行小红书内容创作

下面，我们使用"天工 AI"和"智谱清言"来进行案例演示。

1. 使用"天工 AI"

根据上述流程要求，在"天工 AI"的对话框中输入："作为一名时尚博主，我想在小红书上发布一篇关于'夏季流行穿搭指南'的内容。请为我提供一篇初步的文案，并确保内容符合小红书的风格。同时，我希望能在文案中融入一些独特的时尚观点或趋势分析，使内容更有个性和吸引力。"点击"发送"按钮，生成结果如图 5-7 所示。

图 5-7 "天工 AI"生成小红书文案

2. 使用"智谱清言"

在"智谱清言"中点击"智能体中心"，搜索小红书，选择"小红书爆款写作专家"，如图 5-8 所示。在对话框中输入与对"天工 AI"输入内容相同的文字，点击"发送"按钮，生成结果如图 5-9 所示。

图 5-8 选择"小红书爆款写作专家"智能体

3. 案例对比与分析

一、标题

1. "夏日风情，穿搭新潮流！"
2. "时尚博主揭秘：夏季必备穿搭指南"
3. "这个夏天，让你美翻天！"
4. "夏季流行趋势，你跟上了吗？"
5. "穿搭小白必看，夏季时尚攻略！"

二、正文 夏季来临，是时候更新你的衣橱了！作为时尚博主，我很高兴能和大家分享今年的夏季流行穿搭指南。

流行趋势分析：今年夏天，我们看到了很多鲜艳的色彩和大胆的图案。例如，黄色和橙色这类明亮色调非常受欢迎，它们能给人一种活力四溢的感觉。另外，花卉图案也是今年的大热，无论是连衣裙还是上衣，都能展现出夏日的浪漫气息。

个性化建议：如果你喜欢更低调的风格，可以选择一些中性色调的衣服，如米色或浅灰色，然后在配饰上下功夫，比如一顶时尚的帽子或一个抢眼的包包，这样既能保持简洁大方，又不失个性。

穿搭技巧：夏季穿搭最重要的是舒适和凉爽。建议选择透气性好的面料，如棉或麻。另外，层搭也是一个很好的选择，比如在T恤外搭一件薄纱开衫，既防晒又时尚。

购物推荐：在购买夏季衣物时，不妨尝试一些新品牌或小众设计师的作品。他们往往能提供更独特和有设计感的单品。

最后，我想听听大家的想法：你最喜欢的夏季单品是什么？你有什么独特的穿搭技巧吗？欢迎在评论区分享你的时尚心得！

标签：#夏季穿搭 #时尚趋势 #个性化风格 #穿搭技巧 #购物推荐

图 5-9 “智谱清言”生成小红书文案

“天工 AI”和“智谱清言”在处理相同主题“夏季流行穿搭指南”时，都提供了相关的时尚建议和趋势分析，但两者之间存在一些差异。

在语言风格上，“天工 AI”生成的文案更偏向轻松、活泼，使用了许多表情图案和口语化的表达方式；而“智谱清言”生成的文案则更加正式和专业，内容更加流畅和连贯。

在内容深度上，“天工 AI”生成的文案更加注重细节描述和个性化建议，如“记得要大胆尝试哦”“记得要选择与整体造型相协调的配饰哦”等；而“智谱清言”生成的文案则更注重趋势分析和整体风格的塑造。

总体来说，“天工 AI”和“智谱清言”都在努力为用户提供有用的时尚建议和趋势分析，但具体的表现形式和风格有所不同。用户可以根据自己的喜好和需求选择合适的 AI 工具。

5.4 抖音文案：创新表达，引爆短视频热潮

5.4.1 抖音文案的特点

抖音文案往往以简洁、幽默、生动的方式通过短短几句话或几个

关键词，传达了创作者对生活的理解、对情感的认知以及对世界的态度。它们激发了人们的共鸣和思考，让人们在快节奏的生活中感受到一丝温馨和慰藉。

好的抖音文案能够吸引用户的眼球，引导他们点击进入相关视频，增加视频的曝光量和互动性，提高抖音账号的权重。优质文案能够通过简洁的语言传递视频的主题和核心信息，使用户快速了解视频的内容。借助文案，企业或个人可以在抖音上树立自己的品牌形象，提升知名度和影响力。

5.4.2 撰写抖音文案的流程

1. 明确创作目的与目标受众

设定创作目标：明确这段抖音文案想要达到什么目的，比如宣传品牌、推广产品、分享知识、娱乐观众等。

定位目标受众：分析你的目标观众群体，了解他们的兴趣、需求和行为习惯，以便更好地编写符合他们口味的文本。

2. 内容策划与构思

确定主题与亮点：根据创作目标，确定视频的主题，并思考如何在文本中凸显亮点，吸引观众注意。

构建内容框架：设计文本的结构，包括开头、中间和结尾部分，确保内容逻辑清晰、层次分明。

3. 撰写与编辑文本

撰写初稿：根据内容框架，开始撰写文本的初稿，注意使用简洁、生动的语言，让文本易于理解和传播。

优化与润色：对初稿进行反复修改和润色，确保文本表达准确、流畅，并符合抖音平台的风格。

4. 发布与收集反馈

发布视频：将编辑好的文本与视频素材结合，发布到抖音平台。

收集反馈：关注视频的播放量、点赞量、评论等数据，收集观众的反馈和建议，以便对文本进行后续优化。

5.4.3　AI 撰写抖音文案

下面，我们使用"文心一言"和"Friday 智能写作"来进行案例演示。

1. 使用"文心一言"

按照上述流程要求，在"文心一言"的对话框中输入："我计划制作一个有关瑜伽练习的抖音视频，目的是吸引那些追求健康生活方式和身心平衡的观众。我的目标受众主要是年轻的白领和学生群体，他们对瑜伽感兴趣，但可能缺乏系统的练习方法。请根据这些要求，结合撰写抖音文案的结构，为我生成一篇既具有吸引力又富有指导性的抖音文案。"点击"发送"按钮，结果如图 5-10 所示。

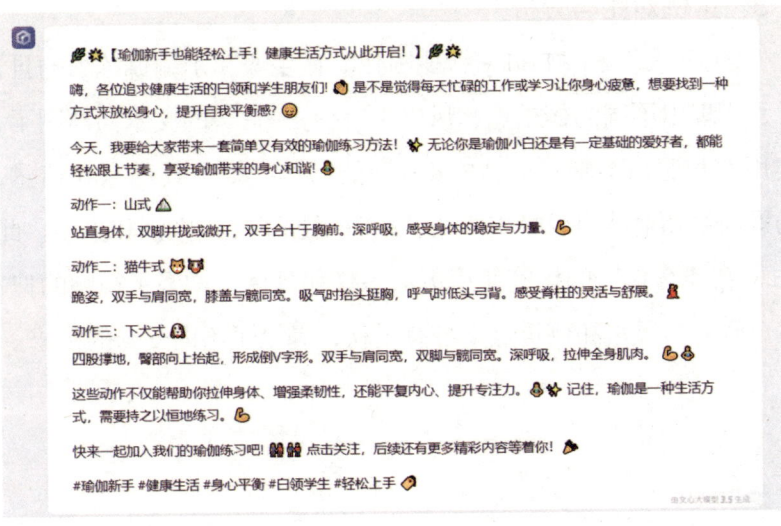

图 5-10　"文心一言"生成抖音文案

2. 使用"Friday 智能写作"

在"Friday 智能写作"的对话框中输入与对"文心一言"输入内容相同的文字,点击"发送"按钮,输出结果如图 5-11 所示。

🧘 平衡身心,从"瑜"动生活每一刻 ✨

👋 大家好,我是[你的名字],不只是瑜伽爱好者,更是你健康旅程上的同行者!在快节奏的都市丛林里,你是否也渴望那份久违的宁静与和谐?🌿 今天,就让我们一起揭开瑜伽的神秘面纱,探索如何通过瑜伽,找到身心的完美平衡点!🌸

💼 白领必备,瑜伽解压秘籍大公开!

久坐办公室,肩颈僵硬?压力山大?来,跟我学几招!简单瑜伽体式,助你驱散疲惫,提升工作效率,让每一天都元气满满!🙌 从深呼吸开始,感受每一次吐纳间的轻松与释放…

🎓 学生党必看,瑜伽助你学习开挂!

书本堆成山,脑袋快爆炸?瑜伽来救场!通过体式练习,不仅身体放松,大脑也变得更加清晰。柔韧与平衡,让你的学习之路更加顺畅无阻!📚

🔥 跟我练,瑜伽小白秒变高手!

1️⃣ 呼吸法:深呼吸,吸进清新,呼出烦恼,让心灵来一场说走就走的旅行!
2️⃣ 体式挑战:从山式站立,稳如泰山,到太阳礼流畅过渡,感受身体的力量与柔美。
3️⃣ 冥想时光:最后,静坐冥想,让思绪随风飘散,享受那一刻的宁静致远。

🎉 更多惊喜,等你解锁!

关注我,每日瑜伽新技能get✓,带你走进一个更加健康、和谐的生活圈。别忘了点赞👍、分享💠、留言告诉我你的瑜伽故事哦!我们一起,在瑜伽的路上越走越远,遇见更好的自己!

#瑜伽日常# #身心健康# #白领解压神器# #学生党加油包# #平衡生活美学# #从瑜开始#

图 5-11 "Friday 智能写作"生成抖音文案

3. 案例对比与分析

"文心一言"和"Friday 智能写作"在生成关于瑜伽练习的抖音文案时,表现出不同的侧重点和风格。"文心一言"的文本简洁明了,注重实用性和逻辑清晰;而"Friday 智能写作"则更具创意和情感,通过场景描绘和情感引导吸引观众,同时增加了文化内涵和深度。此外,"Friday 智能写作"的标签使用更加多样和具体,增强了视频的搜索可见性。两者在风格和侧重点上各有千秋,满足了不同受众的需求。

5.5 微博文案：
　　匠心独运，助力成为金句达人

5.5.1 微博文案的特点

微博文案用简练的语言表达了深刻的人生哲理和情感共鸣。这些文案用真挚的文字触动人心，引导人们思考人生的意义和价值，激发内在的力量和潜能。它们不仅是对生活的感悟和体验，更是对人们的启示和引导，让人们在快节奏的社交媒体时代找到心灵的慰藉和力量。好的微博文案有助于提升用户体验、增加用户参与度、促进信息传播、增强品牌形象及实现商业变现。

5.5.2 撰写微博文案的流程

①确定目标与受众：首先要明确微博发布的目标，是为了提升品牌知名度、推广产品、传递信息还是其他目的；分析目标受众的特征，包括他们的年龄、性别、兴趣、消费习惯等，以便创作出更符合他们喜好的文案。

②创意构思：根据目标与受众，进行创意构思，设计出独特、有趣且引人注目的文案内容，可以考虑使用幽默、情感、励志等不同的风格来吸引不同类型的受众。

③内容编写：将创意构思转化为具体的文案内容，注意文案的简洁明了，便于受众快速理解；也可使用生动的语言和形象的描述，让文案更具吸引力。

④优化与调整：对文案进行反复修改和优化，确保文案内容既符合品牌形象，又能引起受众共鸣。

5.5.3 AI撰写微博文案

下面，我们使用"文心一言"和"AI创作家"来进行案例演示。

1. 使用"文心一言"

在"文心一言"的对话框中输入："请帮我撰写一条微博文案，用于推广我们新推出的科技产品。这款产品具有创新性和实用性，特别适合追求科技前沿的年轻人群。我希望文案能够突出产品的独特功能和优势，并采用轻松幽默的语气。同时请确保文案内容简洁明了、易于理解，并且能够引起读者的共鸣。"点击"发送"按钮，生成结果如图5-12所示。

【新品上市】科技控们，你们的春天来了！🌸 我们新推出的科技产品震撼来袭，创新实用两不误，让你秒变科技达人！🚀

独特功能多到数不清，智能感应、一键操作，让生活变得轻松又有趣！💡

实用性爆表，无论你是工作狂还是游戏迷，都能找到你的专属玩法，让你爱不释手！📱

告别烦恼，拥抱未来，让我们一起走在科技前沿，享受智能生活带来的无限乐趣！✨

快来一探究竟，让这款神器陪你开启全新科技之旅！🚀

#新品推广# #科技前沿# #实用神器#

图5-12 "文心一言"生成微博文案

2. 使用"AI创作家"

在"AI创作家"的对话框中输入与对"文心一言"输入内容相同的文字，点击"发送"按钮，生成结果如图5-13所示。

【创新未来，掌握在指尖！】🚀 解锁你的全新生活搭档——我们推出全新科技产品啦！🎉 这是一款为你量身打造的全新设备，不仅创新，而且实用，让你的生活变得更轻松，更有趣。😊

它具备许多独特的功能和优势，绝对是同类产品中的翘楚。只需轻轻一按，一切尽在你的掌控之中。👆 我们的产品将科技与人性化设计完美结合，不论是查阅信息、娱乐还是工作，都能让你感受到前所未有的便捷和舒适。💼

而且，我们深知年轻人对新鲜事物的好奇心，所以这款产品绝对是科技前沿的必备神器。🔥 不论你是科技爱好者，还是正在寻找一款能够提升生活品质的实用工具，它都是你的不二之选。👍

如果你也厌倦了烦琐的生活琐事，想要过上更轻松、更前沿的生活，那就赶快来试试我们的新产品吧！你绝对不会失望的。😉 让我们一起迎接科技带来的美好生活吧！

PS：别忘了关注我们的官方微博，获取更多产品信息和独家优惠哦！🎁 #新品推广# #科技前沿# #实用神器#

图5-13 "AI创作家"生成微博文案

3. 案例对比与分析

两种 AI 工具在回答同一问题时，虽然都遵循了基本要求，但在语言风格、内容侧重点、情感连接等方面表现出了不同的特点和优势。

在语言风格与表达方面，"文心一言"的回答采用了更为轻松幽默的语言风格，通过"科技控们，你们的春天来了！"等表达，使得文案更加亲切和接地气，更容易引起年轻受众的共鸣；"AI 创作家"的回答则采用了更为正式和直接的表述方式，虽然也突出了产品的创新性和实用性，但整体上缺少了轻松幽默的语调。

在内容侧重点方面，"文心一言"的回答在突出产品独特功能和优势的同时，还通过"秒变科技达人""实用性爆表"等表述，强调了产品对于提升个人形象和满足用户需求的双重价值；"AI 创作家"的回答则更多地关注了产品的独特功能和带来的生活便利，没有过多涉及产品对用户个人形象或身份的提升。

在情感连接与共鸣方面，"文心一言"的回答通过"告别烦琐，拥抱未来"等情感化的表述，与受众建立了情感连接，使得文案更具感染力和共鸣力；"AI 创作家"的回答虽然也清晰明了地传达了产品信息，但在情感连接方面略显不足。

综上所述，"文心一言"的回答更侧重于用轻松幽默的表达和情感连接与用户互动，"AI 创作家"则更侧重于信息的直接传达和产品的实用性描述。两者在各自的领域内都能发挥重要的作用。

5.6 公众号运营规划：
深度运营，构建粉丝互动桥梁

5.6.1 公众号运营规划的意义

公众号运营规划是指针对微信公众号（以下简称公众号）进行全面的规划和部署，包括内容策划、粉丝互动、推广策略等，旨在提高公众号的知名度、用户黏性和品牌价值。制订科学的运营规划，能够确保公众号在目标受众中产生更大的影响力，从而实现商业目标。

5.6.2 制订和优化公众号运营规划的流程

制订和优化公众号运营规划的流程是一个系统性的过程，旨在确保公众号的稳定运营和持续增长。以下是制订和优化公众号运营规划的基本流程。

1. 定位与包装

明确公众号的定位，即确定要扮演的角色。这个角色需要与品牌、产品类型相匹配，同时能够吸引目标用户群体。定位一旦确定，就需要进行包装，包括设置公众号的名称、关键词自动回复、公众号简介、公众号菜单栏等，文案风格也应与角色定位相匹配。

2. 内容策划

内容策划包括制订内容计划、确定内容的形式和频率。内容应既能吸引用户，又能完成企业或产品的宣传。原创内容是首选，同时要注意内容的垂直度。大部分内容应以公众号的定位为基础，巧妙植入产品和品牌信息，避免过多直接宣传。

3. 互动沟通

建立与用户的互动沟通机制非常重要，可以通过设置自动回复、互动活动等方式，也可以建立粉丝社区，让用户之间进行交流，从而提高用户的参与感和黏性。

4. 数据分析

通过分析用户活跃度、内容点击率等数据，可以找出运营中的不足，优化内容策略。定期分析公众号的数据是必不可少的，这有助于了解用户行为、评估运营效果，从而持续改进运营策略。

5. 广告推广

当公众号积累了一定的用户基础和活跃度后，可以考虑使用广告推广来提高公众号的曝光率。不过，广告推广应适度，避免过度打扰用户，影响用户体验。

5.6.3　AI 撰写公众号运营规划

下面，我们使用"Friday 智能写作"和"文心一言"来进行案例演示。

1. 使用"Friday 智能写作"

在"Friday 智能写作"的对话框中输入：

"请基于以下要求，为一家专注于健康饮食领域的公众号撰写一份详细的运营规划：

①目标用户群体为关注健康饮食、追求生活品质的中青年人群。

②公众号旨在提供健康饮食知识、食谱分享和营养建议等内容。

③需要在三个月内实现用户数量的稳步增长，并提高用户活跃度。"

点击"发送"按钮，生成结果如图 5-14 所示。

健康饮食领域公众号运营规划

一、前言

随着生活水平的提高，越来越多的人开始关注健康饮食。为了满足这一市场需求，我们专注于为关注健康饮食、追求生活品质的中青年人群提供有益的信息。本运营规划旨在明确公众号未来的发展方向、内容规划、用户增长策略和活动安排，确保在三个月内实现用户数量的稳步增长并提高用户活跃度。

二、目标用户群体

我们的目标用户群体为关注健康饮食、追求生活品质的中青年人群，他们具有一定的经济能力，对饮食有较高要求，愿意为了健康和生活品质付出时间和金钱。

三、内容规划

1. 健康饮食知识：定期发布关于营养学、食材选择、烹饪技巧等方面的文章，帮助用户了解健康饮食的重要性及实践方法。
2. 食谱分享：根据季节、节日或特殊需求，推出多样化的健康食谱，包括早餐、午餐、晚餐、小吃等。
3. 营养建议：为用户提供个性化的营养建议，如针对不同体质、年龄、性别的人群提供营养搭配建议。
4. 互动栏目：设置互动栏目，如问答、投票等，增加用户参与感，提高用户活跃度。

四、用户增长策略

1. 优质内容吸引：通过提供有价值的健康饮食内容，吸引目标用户关注并分享，扩大影响力。
2. 合作推广：与其他健康、美食类公众号或KOL进行合作，互相推荐，扩大用户基数。
3. 社交媒体营销：利用微博、抖音等社交媒体平台，发布短视频、图文等形式的内容，引导用户关注公众号。
4. 线下活动：组织健康饮食主题的线下活动，如健康烹饪讲座、食材品鉴会等，增加用户粘性。

五、活动安排

1. 用户互动活动：每月举办一次用户互动活动，如健康饮食知识竞赛、最佳健康食谱评选等，提高用户参与度。
2. 限时优惠活动：在特定时期（如节假日、周年庆等）推出限时优惠活动，如会员优惠、优惠券等，吸引新用户并留住老用户。
3. 合作伙伴活动：与合作伙伴共同举办活动，如健康食品品牌试吃活动、健康生活方式分享会等，拓宽用户获取渠道。

六、数据分析与优化

通过定期分析用户数据，了解用户需求和喜好，调整内容规划和活动安排。关注用户活跃度、留存率、转化率等指标，持续优化运营策略，确保实现用户数量的稳步增长。

七、结语

本运营规划旨在为健康饮食领域的公众号提供明确的发展方向和实施路径。我们将不断优化内容规划、用户增长策略和活动安排，努力为用户提供有价值的信息和服务，实现用户数量的稳步增长和提高用户活跃度。我们相信，通过我们的努力，将为更多关注健康饮食、追求生活品质的中青年人群带来更好的体验和价值。

图 5-14 "Friday 智能写作"生成公众号运营规划

2. 使用"文心一言"

在"文心一言"的对话框中输入与对"Friday 智能写作"输入内容相同的文字，点击"发送"按钮，生成结果如图 5-15 所示。

健康饮食领域公众号运营规划

一、项目背景与目标

随着人们对健康生活的关注度日益提高，健康饮食成为了中青年人群关注的焦点。本公众号致力于提供健康饮食知识、食谱分享和营养建议等内容，旨在帮助用户实现健康饮食，提升生活品质。本规划旨在三个月内实现用户数量的稳步增长，并提高用户活跃度。

二、目标用户群体

本公众号的目标用户群体为关注健康饮食、追求生活品质的中青年人群，年龄在25-50岁之间，具有较高的文化素养和一定的消费能力。他们注重饮食健康，关心营养搭配，乐于尝试新鲜的食谱和健康饮食方式。

三、内容规划

1. 健康饮食知识：发布关于健康饮食的科普文章，涵盖营养学、食品安全等方面的知识，提高用户的健康饮食意识。
2. 食谱分享：分享各种美味健康的食谱，包括家常菜、减肥餐、素食等，满足不同用户的口味需求。
3. 营养建议：提供个性化的营养建议，根据用户的年龄、性别、身体状况等因素，为他们制定合适的饮食计划。
4. 饮食误区解析：揭示常见的饮食误区，帮助用户避免错误的饮食习惯，引导他们形成正确的饮食观念。

四、运营策略

1. 内容质量优先：确保发布的内容质量，提升用户体验，赢得用户信任。
2. 定期更新：保持内容的更新频率，每周至少发布3篇原创文章，吸引用户持续关注。
3. 互动与反馈：鼓励用户在评论区留言，积极回复用户问题，收集用户反馈，不断优化内容。
4. 合作与推广：与其他健康饮食领域的公众号、营养师、厨师等建立合作关系，互相推广，扩大影响力。

五、用户增长与活跃度提升

1. 优质内容吸引：通过高质量的内容吸引潜在用户，提高公众号在搜索引擎和社交平台的曝光度。
2. 社交媒体传播：充分利用微信朋友圈、微博、抖音等社交媒体平台，分享公众号内容，扩大传播范围。
3. 举办活动：策划线上活动，如健康饮食知识竞赛、食谱征集等，提高用户参与度和活跃度。
4. 会员制度：设立会员制度，为活跃用户提供专属优惠、定制内容等福利，激发用户积极性。

六、数据分析与优化

1. 用户数据分析：定期分析用户数据，了解用户喜好、阅读习惯等信息，为内容策划提供依据。
2. 内容效果评估：根据文章阅读量、点赞量、评论量等指标，评估内容效果，优化内容方向。
3. 运营效果监测：关注用户增长、活跃度等关键指标，及时调整运营策略，确保目标实现。

七、总结

本运营规划旨在通过提供健康饮食知识、食谱分享和营养建议等内容，吸引关注健康饮食的中青年人群，实现用户数量的稳步增长和提高用户活跃度。我们将不断优化内容质量，拓展合作渠道，举办线上活动，加强数据分析与优化，努力为用户提供更好的健康饮食服务。

图 5-15 "文心一言"生成公众号运营规划

3. 案例对比与分析

"Friday 智能写作"与"文心一言"各自生成的结果在内容侧重点及细节处理方面存在不同之处。

在内容侧重点方面，"Friday 智能写作"的回答注重对具体活动安排和用户互动的策划，通过举办各种线上、线下活动来提高用户的参与度和活跃度，同时也强调了合作推广的重要性；而"文心一言"的回答更侧重于对公众号整体运营策略的规划和实施，包括目标用户群体的精准定位、内容规划的详细阐述、用户增长策略和活动安排的全面考虑，以及数据分析与优化的重要性。

在细节处理方面，"Friday 智能写作"在回答中提供了更为详细的规划和策略，比如在用户增长策略中提到了社交媒体营销和线下活动组织等多种方式；而"文心一言"的回答虽然也提到了类似的策略，但在具体执行细节上稍显简略，更多关注于活动的创意和吸引力。

综上所述，虽然两个回答都旨在提供健康饮食领域公众号的运营规划，但内容侧重点、细节处理等方面的差异，使得它们在呈现方式和效果上有所不同。用户可以根据自己的需求选择合适的 AI 工具。

5.7 知乎宣传文案：专业洞见，提高文案影响力

5.7.1 知乎宣传文案的特点

知乎宣传文案通过简洁明了、富有感染力的文字，传达出知识、智慧和思想的力量。知乎宣传文案强调内容的深度、思考的独立性和表达的精准性，旨在激发读者的思考和讨论，促进知识的分享和传播。同时，知乎宣传文案也注重与读者的情感共鸣，通过富有情感和故事性的叙述，引发读者的共鸣和情感共振。

5.7.2 撰写知乎宣传文案的流程

撰写知乎宣传文案要能够吸引目标受众的关注，激发他们的兴趣

和思考，从而增加知名度和影响力。具体流程如下。

1. 明确文案目的

这是撰写文案的第一步，也是至关重要的一步。明确文案是为了推广产品、宣传品牌、传递信息还是其他目的，有助于后续内容的策划和撰写。

2. 了解受众需求

深入了解目标受众的需求和兴趣，确保文案内容能够引起他们的共鸣和关注。可以通过市场调研、数据分析等方式获取相关信息。

3. 策划文案内容

根据文案目的和受众需求，策划文案的具体内容，确保内容既有吸引力又能够传达出核心信息。这包括确定主题、选择角度、构思论点等。

4. 撰写文案

在策划好内容后，开始撰写文案。注意语言风格要符合知乎平台的调性，简洁明了、逻辑清晰。同时，要注意使用合适的修辞手法和表达方式，使文案更具吸引力和说服力。

5.7.3 AI 撰写知乎宣传文案

下面，我们使用"AI 创作家"和"Friday 智能写作"来进行案例演示。

1. 使用"AI 创作家"

按照上述创作思路，在"AI 创作家"的对话框中输入："请帮我撰写一篇知乎宣传文案，目的是推广一款名为'智慧助手'的智能家居设备。我希望文案能够针对追求生活品质和便捷性的年轻人和家庭用户，突出'智慧助手'的便捷性、智能化特点，并强调其如何简化生活琐事、提升生活品质。同时，请确保文案语言简洁明了、逻辑清晰，符合知乎平台的风格，能够吸引潜在用户的关注和购买欲望。"点击"发送"按钮，生成结果如图 5-16 所示。

2. 使用"Friday 智能写作"

在"Friday 智能写作"的对话框中输入与对"AI 创作家"输入内容相同的文字，生成结果如图 5-17 所示。

3. 案例对比与分析

"AI 创作家"和"Friday 智能写作"各自生成的知乎宣传文案，虽然都围绕产品特性和用户体验展开，但它们在风格、表达方式和内容侧重点上展现出了不同之处。

在风格上，"AI 创作家"采用了更为轻松、亲切的语气，通过第一人称的叙述方式，让读者更容易产生共鸣，感受到使用

【标题】揭秘！我家的"智慧助手"，让生活瞬间升级！

【文案】

大家好，今天我想和大家分享一下我家的新成员——智慧助手。它是一款智能家居设备，专为追求生活品质和便捷性的年轻人和家庭用户设计。

一、智慧助手的便捷性

智慧助手，如其名，它就像一个贴心的助手，随时待命，帮助我们解决生活中的琐事。无论是定时开关灯、调节温度，还是控制家电设备，只需动动手指，一切尽在掌握。再也不用担心出门忘记关灯，或是半夜被热醒或冷醒。它让我们的生活更加轻松，省时省力。

二、智能化特点

智慧助手内置先进的AI技术，能够学习并适应我们的生活习惯，提供个性化的服务。比如，它会根据天气预报和你的身体状况，提醒你提前开启暖气或制冷。再比如，它能根据家人的作息时间，自动调整家电设备的运行，让生活更加和谐。

三、生活品质的提升

智慧助手简化了我家的生活琐事，让我有更多的时间去关注更重要的事情。它不仅提升了我们的生活效率，更提升了我们的生活品质。想象一下，早晨醒来，窗帘自动拉开，咖啡机早已准备好一杯香浓的咖啡，是多么惬意的事情。

四、结语

智慧助手就像我们生活中的小助手，它让我们的生活更加便捷、高效，提升了我们的生活品质。如果你也厌倦了繁琐的生活琐事，想要过上更轻松、更优质的生活，那么不妨试试智慧助手吧!我相信它会成为你生活中的小助手，帮你解决生活中的各种问题，让你的生活更加美好。

最后，如果你对智慧助手感兴趣，欢迎私信我了解更多详情哦!让我们一起享受智能科技带来的美好生活吧！

图 5-16 "AI 创作家"生成知乎宣传文案

让生活回归简单与美好——"智慧助手"智能家居设备，你的品质生活新选择！

智能家居，触手可及的未来生活

在快节奏的现代生活中，我们都在追求更高的生活品质和便捷性。而"智慧助手"智能家居设备，正是你实现这一追求的最佳伙伴。它凭借先进的智能化技术，将烦琐的生活琐事化为简单的指尖操作，让你的生活更加轻松、舒适。

智慧助手，你的私人生活管家

"智慧助手"不仅具备强大的智能家居控制功能，还能根据你的生活习惯和需求，智能调整家居环境，为你打造个性化的舒适空间。无论是调节室内温度、控制灯光亮度，还是播放你喜欢的音乐、提醒你重要日程，它都能轻松胜任，成为你生活中的得力助手。

简约设计，彰显品质生活

"智慧助手"注重用户体验，采用简约而不失时尚的设计理念，完美融入各种家居风格。其精致的外观和高品质的触感，彰显出你对生活品质的追求和品位。拥有它，就是向高品质生活迈出的坚实一步。

操作简便，智享科技生活

作为一款智能家居设备，"智慧助手"的操作非常简便。通过智能语音交互，你只需简单说出指令，它就能迅速响应并执行，无论你在家中的任何角落，都能轻松掌控一切，享受科技带来的便捷与乐趣。

安全可靠，守护你的家

"智慧助手"注重用户隐私和安全，采用先进的加密技术和安全防护措施，确保你的个人信息和家居安全不受侵犯。同时，它还具备报警功能，一旦发生异常情况，能立即提醒你并采取相应措施，守护你和家人的安全。

立即行动，开启智慧生活新篇章

别再让烦琐的生活琐事困扰你，拥抱"智慧助手"，让生活回归简单与美好。现在就点击下方链接，购买"智慧助手"智能家居设备，开启你的智慧生活新篇章吧！

【购买链接】

让"智慧助手"成为你生活中的得力助手，与你共同创造更美好的未来！

图 5-17 "Friday 智能写作"生成知乎宣传文案

"智慧助手"后的便捷与舒适；而"Friday 智能写作"则采用了更为正式、专业的风格，注重客观描述和逻辑清晰，展现了产品的专业性和可靠性。

在表达方式上，"AI 创作家"运用了更多的情感化描述和场景构建，让读者能够身临其境地感受到产品的优势，比如通过描述早晨醒来窗帘自动拉开、咖啡机准备好咖啡的场景，让读者感受到智能生活带来的惬意；而"Friday 智能写作"则更注重对产品功能的详细解释和列举，通过列举具体功能和特点，让读者更全面地了解产品的优势。

在内容侧重点上，"AI 创作家"更注重强调"智慧助手"如何简化生活琐事、提升生活品质，以及给用户带来轻松愉悦的生活体验；而"Friday 智能写作"则更注重展示产品的智能化特点、技术先进性和安全可靠性，以及通过个性化服务满足用户的不同需求。

综上所述，"AI 创作家"更注重情感化表达和用户体验的描述，而"Friday 智能写作"则更注重客观描述和产品功能的展示。用户可以根据自己的喜好和需求选择合适的 AI 工具。

5.8 短视频拍摄脚本：镜头语言，演绎视觉故事新篇章

5.8.1 短视频拍摄脚本的要求

短视频拍摄脚本要求以简练的文字和具体的镜头描述来指导短视频的拍摄过程。它包含场景描述、人物台词、动作设计、音效和镜头指示等内容，为拍摄团队提供清晰的指导，确保视频内容的一致性和

连贯性。通过短视频拍摄脚本，导演、摄影师、演员和其他团队成员能够明确了解各自的任务和角色，以便准确地将创意转化为具有表现力的视频作品。

5.8.2 短视频拍摄脚本创作流程

1. 明确主题

短视频拍摄脚本的内容都是为主题服务的。明确短视频要给观众传达的中心思想是什么，是撰写脚本的第一步。主题含糊不明的短视频容易给观众造成误解，内容再好也事倍功半。

2. 确定风格

主题定下来后，在正式着笔之前需要确定风格，比如搞笑风格、反转风格或其他风格。这一步是给短视频"定调"，即用怎样的展现形式去传达主题。

3. 编写情节

围绕已确定的主题和风格，开始编写故事情节。除了要交代何人在何时何地做了何事，还需要构思整个内容大概花多长时间讲完（时长）。

5.8.3 AI生成短视频拍摄脚本

下面，我们使用"天工AI"和"智谱清言"来进行案例演示。

1. 使用"天工AI"

如图5-18所示，在"天工AI"主页面中点击"AI写作"选项后，在对话框中输入："请为我撰写一个以'友情的力量'为主题的短视频拍摄脚本，风格要求温馨感人，同时带有一些反转元素。请确保脚本情节紧凑，能够在3分钟内完整呈现。"点击"发送"按钮，生成结果如图5-19所示。

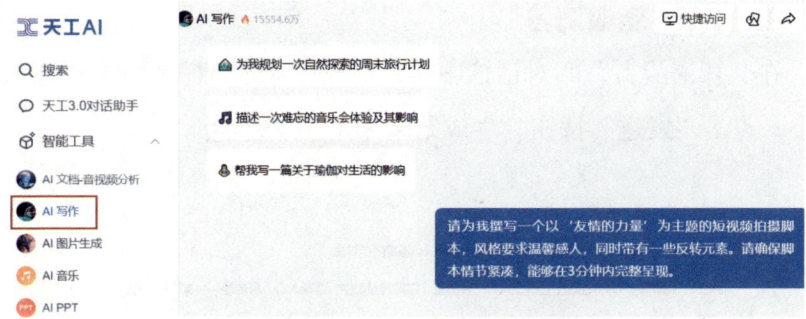

图 5-18 "天工 AI" AI 写作对话

【场景一】：公园长椅
【镜头】：清晨，阳光洒在公园的长椅上。镜头缓缓推进，定格在长椅上坐着的两个中学生模样的男孩，李明和小杰。他们面前放着一个棋盘，两人正在专注地下棋。
【旁白】：在人生的棋局中，每一步都充满挑战。李明和小杰，一对无话不谈的好友，他们的友情在逆风中更加坚固。
【镜头】：小杰突然眉头紧锁，似乎在为棋局烦恼。李明轻轻一笑，伸手在棋盘上轻轻一点，给小杰指出了一步好棋。
【旁白】：友情，就是在你困惑时，给你指引的那双手。

【场景二】：医院病房
【镜头】：时间快进，镜头切换到医院病房。李明躺在病床上，面色苍白，小杰坐在床边，紧握着李明的手。窗外，乌云密布，预示着即将来临的风暴。
【旁白】：然而，人生不会总是一帆风顺。当李明被诊断出重病，小杰没有放弃，他用行动证明了友情的力量。
【镜头】：小杰在病房外忙碌的身影，他为李明筹集医疗费用，联系专家，甚至在社交平台上发起求助。镜头快速剪辑，展现小杰不屈不挠的努力。
【旁白】：在你最需要帮助时，友情是那道最亮的光。

【场景三】：康复中心
【镜头】：时间再次跳跃，李明坐在康复中心的轮椅上，小杰在一旁鼓励他尝试站立。李明几次尝试失败，几乎要放弃，但小杰的眼神给了他力量。
【反转元素】：突然，李明在小杰的帮助下，艰难地站了起来，两人相视一笑，眼中闪烁着泪光。这时，镜头缓缓拉远，揭示了李明的轮椅其实是一辆特制的"站立训练轮椅"，而小杰一直知道李明的病情并不像最初看起来那么严重，他一直在用鼓励和陪伴帮助李明重建信心。
【旁白】：友情，有时需要一点小聪明。它能让你在逆境中找到希望，让你在绝望中看到光明。

【场景四】：公园长椅
【镜头】：最后，镜头回到公园的长椅，但这次是李明坐在轮椅上，小杰站在他身边，两人面前的棋盘已经空了，取而代之的是一幅画有逆风飞翔的鸟的画。阳光穿透云层，照亮了他们，也照亮了画面。
【旁白】：真正的友情，就像逆风中的翅膀，即使在最艰难的时刻，也能带给你飞翔的力量。
【结束语】：友情，是生命中最宝贵的礼物。无论逆风多强，只要我们携手，就没有克服不了的困难。
【镜头】：画面渐渐模糊，最终定格在两人紧紧相握的双手上，背景音乐渐弱，视频结束。

图 5-19 "天工 AI"生成短视频拍摄脚本

2. 使用"智谱清言"

在"智谱清言"的对话框中输入与对"天工 AI"输入内容相同的文字，点击"发送"按钮，生成结果如图 5-20 所示。

标题：《友情的力量》

【画面一】（0:00-0:15）场景：公园长椅 背景音乐：温馨的钢琴曲

旁白：（温暖的声音）在这个世界上，有一种力量，它能跨越时空，温暖人心，那就是——友情的力量。

【画面二】（0:15-0:45）场景：学校教室 角色：小明（乐观开朗）和小李（内向自卑）

情节：小明在课堂上积极发言，赢得老师和同学的掌声。课后，小明主动帮助小李解答难题，两人成为朋友。

旁白：友情，让我们在成长的道路上相互扶持，共同进步。

【画面三】（0:45-1:30）场景：操场 情节：小明和小李一起参加篮球比赛，小李因为紧张失误连连，遭到队友责怪。小明鼓励小李，并和他一起练习，最终赢得比赛。

反转元素：比赛结束后，小李突然晕倒，大家紧张不已。

【画面四】（1:30-2:00）场景：医院病房 情节：小明陪伴在小李身边，得知小李患有严重的心脏病，从小缺乏关爱。小明决心帮助小李战胜病魔。

旁白：友情，让我们在困境中相互依靠，勇敢面对。

【画面五】（2:00-2:30）场景：医院病房、公园 情节：小明和小李一起做康复训练，分享彼此的喜怒哀乐。经过一段时间的努力，小李的病情逐渐好转。

反转元素：医生告诉小明，小李的病情其实已经恶化，治愈的希望渺茫。

【画面六】（2:30-3:00）场景：公园长椅 情节：小明带着小李来到公园，告诉他真相。小李泪流满面，表示感激。两人在夕阳下紧紧拥抱，约定永不放弃。

旁白：（激昂的声音）友情的力量，让我们勇往直前，战胜一切困难！愿这份真挚的友谊，永远照亮我们的人生之路！

【画面结束】（3:00）背景音乐：高潮部分，画面渐暗，字幕出现："感谢观看，珍惜身边的每一份友情。"

图 5-20 "智谱清言"生成短视频拍摄脚本

3. 案例对比与分析

"天工 AI"和"智谱清言"创作的两个关于"友情的力量"主题的短视频拍摄脚本在主题、风格及核心信息传达上均有共同点，但在具体情节设计和情感深度的运用上存在一定差异。

在情节设置方面，"天工 AI"生成的脚本从公园长椅处的下棋开始，逐渐过渡到医院病房中的照顾与帮助，再到康复中心里的鼓励与支持，最后以回归公园长椅场景达到高潮，展现了友情逐渐深化的过程；而"智谱清言"生成的脚本则更加聚焦于校园和医院两大场景，通过课堂上的帮助、篮球比赛中的挫折、医院里的康复等情节，展现了友情在成长和困境中的重要作用。

在情感深度与表达方面，两种 AI 工具展现了不同的创意和特色。"天工 AI"生成的脚本在情感表达上更加细腻，多采用环境和意境烘托友情的力量和美好，引发读者想象和思考。而"智谱清言"生成的脚本则更加注重情感的冲击力，通过小李病情的恶化及小明的不离不弃，强化了友情在逆境中的坚韧和珍贵。

总体来说，虽然两个脚本在情节发展和情感表达上有所不同，但它们都成功地传达了"友情的力量"这一主题，并且采用了温馨感人的叙述方式，使得故事既紧凑又富有情感。

5.9 豆瓣读书心得：感悟分享，启迪心灵之旅

5.9.1 豆瓣读书心得的意义

豆瓣读书心得的意义在于促进知识交流与传承，通过分享个人的阅读体验和感悟，激发他人对书籍的兴趣，提升整个社会的阅读氛围和文化素养；同时也是对自己阅读成果的检验和反思，能够促进个人思考和成长。

5.9.2 撰写豆瓣读书心得的流程

撰写豆瓣读书心得不仅能加深对书籍的理解，还能锻炼写作能力。具体流程如下。

①确定书名和主题：确定要分享的书名和主题，有助于用户更好地了解书的内容和写作方向。

②选择风格：根据豆瓣的风格和要求，选择适合的写作风格，有助于用户更好地适应豆瓣的写作规范。

③撰写文稿：根据提供的信息和选择的风格，撰写一份读书心得的文稿。

5.9.3　AI撰写豆瓣读书心得

下面，我们使用"天工AI"和"文心一言"来进行案例演示。

1. 使用"天工AI"

在"天工AI"主页面中点击"AI写作"选项，跳转到新的页面，点击页面右上角的模板图标，在展开的"模板大全"面板中点击"心得体会"，如图5-21所示。在交互窗口中输入：

"最近，我读了一本名为《1984》的反乌托邦小说，作者是乔治·奥威尔。这本书描绘了一个被极权主义统治的未来社会，主人公温斯顿在试图反抗的过程中逐渐失去自我和自由。书中的思想控制和监视手段让我深感震撼。我希望在豆瓣读书上分享我对这本书的感悟，你能帮我撰写一篇读书心得吗？请着重考虑以下几点。

①简要介绍《1984》这本书的作者、背景及主要情节，帮助读者了解故事的基本框架。

②分享我阅读这本书时的感受，包括对书中描绘的极权社会的反思、对主人公命运的同情，以及对书中提出的权力、自由和真理等议题的思考。

③阐述我从这本书中学到的关于人性、社会制度及自由思想的深刻见解。

④向其他豆瓣用户推荐这本书，并说明它为什么值得一读。

⑤在撰写心得时，请尽量保持语言犀利、深刻，能够引发读者的共鸣和思考，同时符合豆瓣常见的写作风格。”

点击“发送”按钮，生成结果如图 5-22 所示。

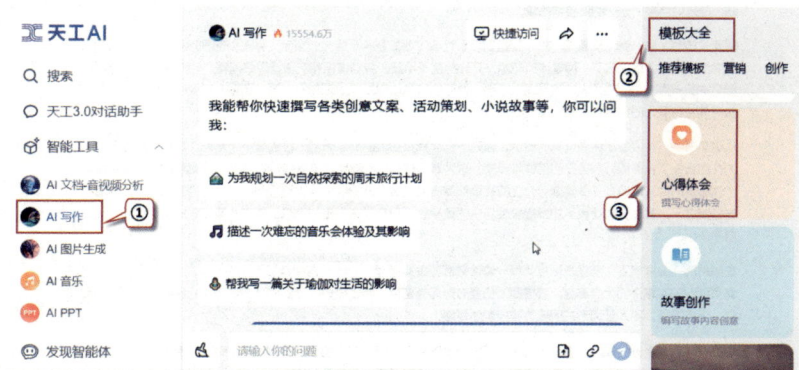

图 5-21　“天工 AI”中的“心得体会”模板

《1984》:极权之影下的人性与自由探寻

乔治·奥威尔的杰作《1984》超越了一部反乌托邦小说的范畴，它对人性、权力和自由进行了深入的挖掘和思考。奥威尔通过独特的叙述手法和对未来社会的细腻刻画，引导读者对自己的生活和所处的世界进行反思。

在奥威尔构建的未来世界中，个人被彻底剥夺了思考的能力，每时每刻都处于被监控的状态，甚至连微笑也可能成为一种罪过。这种对人性的极致压抑，让人深切感受到极权统治的恐怖。温斯顿的抗争、他对自由的向往，以及最终的失败，都让人心痛。他的遭遇让我们明白，在强大的权力面前，个人的反抗是如此的无力。

书中对权力、自由和真理的讨论，促使我们重新思考这些概念在现实生活中的含义。在这个信息泛滥的时代，我们似乎享有前所未有的自由，但同时也面临着前所未有的挑战。如何在这样的环境中坚持独立思考，不受外界影响，成了一个值得深思的问题。

《1984》不仅是历史的前车之鉴，也是对当下的警醒。在这个看似自由的年代，我们是否也在无形中放弃了某些珍贵的东西?这本书提醒我们，自由并非理所当然，而是需要我们去争取、去捍卫的。

我强烈推荐所有关心社会、关心人类未来的人们阅读《1984》。它不仅仅是一部文学作品，更是一部能够激发深度思考的社会寓言。在这个充满变数和挑战的时代，我们更应该珍视并坚守我们的自由，防止历史的悲剧重演。

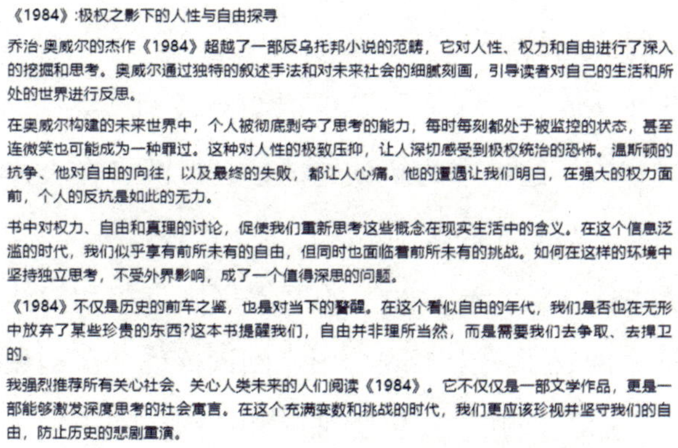

图 5-22　“天工 AI”生成读书心得

2. 使用“文心一言”

在“文心一言”的对话框中输入与对“天工 AI”输入内容相同的文字，点击“发送”按钮，生成结果如图 5-23 所示。

> 《1984》读书心得分享
>
> 当我首次翻开乔治·奥威尔的《1984》时,我原本以为这仅仅是一部对未来社会进行设想的文学作品,然而,随着阅读的深入,我意识到这部作品远不止于此,它深刻地揭示了人类可能面临的命运。这部反乌托邦小说,以其独到的视角和锋利的笔触,让我在阅读过程中不断惊叹,并陷入深深的思考。
>
> 奥威尔巧妙地构建了一个名为大洋国的极权主义统治世界。在这个世界里,双重思想成为了控制一切的工具,真相被随意篡改,历史被无情重写,甚至人们的记忆也成为了被操纵的对象。主人公温斯顿,一个原本普通的党员,在逐渐觉醒的过程中,勇敢地站了出来,对抗这荒诞至极的极权社会。然而,他的反抗之路却充满了荆棘,最终只换来了无尽的痛苦与绝望。
>
> 阅读《1984》时,我深受震撼。书中描绘的极权社会,就像是一个巨大的牢笼,将人们的思想和灵魂紧紧束缚。在这个世界里,自由成了一种奢侈的幻想,真理则遥不可及。我对温斯顿的遭遇深感同情,他的勇敢与坚持如同黑暗中的一束光,照亮了人性的光辉。然而,他的失败也让我陷入了深刻的反思:在强大的极权面前,个人的力量究竟能有多大的作为?
>
> 从这本书中,我汲取了诸多深刻的启示。首先,它让我更加清醒地认识到人性的复杂与脆弱。在极权统治下,人们往往会为了自保而背弃自己的信仰与良知,这种背叛既让人心痛也让人警醒。其次,它让我意识到社会制度对个体命运的深远影响。一个健康、公正的社会制度应当尊重个体的自由与权利,而不是将他们置于无休止的监视与控制之下。最后,它让我更加珍视思想自由的重要性。只有拥有自由的思想,我们才能真正地认识世界、认识自己。
>
> 在当前的社会背景下,我强烈地推荐每一位读者都能去阅读《1984》。这部作品不仅是一部文学经典,更是一部具有深刻现实意义的社会寓言。它提醒我们要时刻保持警惕,防止极权主义的萌芽与滋长;它告诫我们要珍视自由、追求真理,不为任何形式的压迫与控制所屈服。
>
> 总之,《1984》是一部引人深思的作品。它以锋利的笔触揭示了极权社会的黑暗面,同时也让我们看到了人性的光明与希望。我相信,每一位读过这本书的人都会从中获得深刻的启示与感悟。

图 5-23 "文心一言"生成读书心得

3. 案例对比与分析

上述"天工 AI"与"文心一言"各自生成的结果,尽管在内容上都聚焦于对《1984》这本书的解读与感悟,但两者在表述风格、侧重点和深度上确实存在明显的区别。

从表述风格来看,"天工 AI"的回答更为直接和简洁,它按照问题的要求,逐一回答了关于书的介绍、阅读感受、深刻见解及推荐理由;而"文心一言"的回答则更加细腻和深入,它采用了更为丰富的词汇和修辞手法,使得整个回答更具文学性和感染力。

从侧重点来看,"天工 AI"的回答更加注重对书中主题的提炼和升华,它强调了《1984》作为历史前车之鉴和对当下警醒的重要性,以及对自由这一核心价值观的坚守;而"文心一言"的回答更加全面和客观,它概述了这本书的背景和情节,分享了阅读感受,并从人性、社会制度及思想自由等多个角度进行了深入剖析。

从深度来看，"文心一言"的回答在挖掘书中主题和内涵方面更为深入，它没有仅仅停留在对书中情节的解读上，还进一步探讨了这些情节所反映的社会现象和人性问题，以及对我们现实生活的启示。而"天工 AI"的回答虽然也触及了这些方面，但相对来说较为浅显和直接。

综上所述，"天工 AI"和"文心一言"在撰写读书心得方面各有千秋，用户可以根据自己的需求和口味选择适合自己的 AI 工具。

第 6 章　商业营销文案写作

6.1 产品测评文案：理性分析，增强产品性能认知度

6.1.1 产品测评文案的意义

当一款产品横空出世时，为确保产品的品质与销量，开发者会对其性能进行测试，并获得反馈，从而对产品加以改良。在互联网发达的今天，消费者习惯于在购买一类产品前，使用多种平台了解产品的性能、使用方法及适用场景，并货比三家做出最佳选择。产品测评文案由此而生，它可以用通俗的语言展现出产品的特性，让关注者对产品拥有比较全面的认知。

6.1.2 产品测评文案的创作思路

①标题和开头：引人注目的标题和引人入胜的开头可以有效地吸引读者，并且引出文章的主题。

②产品介绍：在介绍产品之前，需要先简单介绍一下品牌，以及自己对该品牌或该类产品的了解程度，以便读者更好地理解测评过程；然后详细介绍产品的外观、功能、使用方法及适用场景等信息，让读者对产品有更全面、详尽的了解。

③实际体验：这部分是文案中最为重要的内容，应包含对测试、使用产品后多方面数据的详细记录，体现用户的感受和产品的实际效果。

④总结：对产品的优劣进行总结评价，并给出自己的购买建议；此外，还可以回顾文章主题，强调一下自己写此测评文案的初衷和目的。

6.1.3　AI 撰写产品测评文案

产品测评文案的宣传途径主要是各种新媒体平台，发布在不同平台的产品测评文案应该有不同的写作风格。选择 AI 工具后，可以根据产品测评文案预发布平台选择 AI 工具提供的相应模板。这里以“华为 FreeBuds 4E”蓝牙耳机为例，分别使用 ChatGPT 和“笔灵 AI”生成产品测评文案，两者均可以完成任务，但“笔灵 AI”有测评文案的写作模板，ChatGPT 则通过对话的方式完成创作。

1. 使用 ChatGPT

在使用 ChatGPT 撰写产品测评文案时，用户可以约束使用的场景。在 ChatGPT 中输入：“请用轻松的语言写一篇华为 FreeBuds 4E 蓝牙耳机的测评文案，测评文案需要包括标题、开头、产品介绍、实际体验和总结五部分内容，实际体验主要包含听音乐和追剧两个场景。”点击“发送”按钮，生成结果如图 6-1 所示。

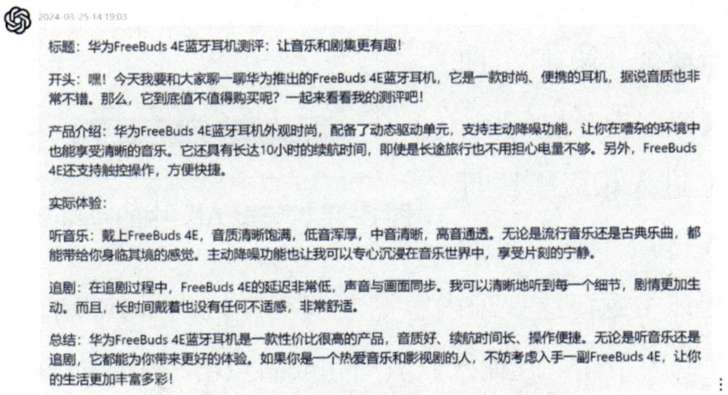
2024-03-25 14:19:03

标题：华为FreeBuds 4E蓝牙耳机测评：让音乐和剧集更有趣！

开头：嘿！今天我要和大家聊一聊华为推出的FreeBuds 4E蓝牙耳机，它是一款时尚、便携的耳机，据说音质也非常不错。那么，它到底值不值得购买呢？一起来看看我的测评吧！

产品介绍：华为FreeBuds 4E蓝牙耳机外观时尚，配备了动态驱动单元，支持主动降噪功能，让你在嘈杂的环境中也能享受清晰的音乐。它还具有长达10小时的续航时间，即使是长途旅行也不用担心电量不够。另外，FreeBuds 4E还支持触控操作，方便快捷。

实际体验：

听音乐：戴上FreeBuds 4E，音质清晰饱满，低音浑厚，中音清晰，高音通透。无论是流行音乐还是古典乐曲，都能带给你身临其境的感觉。主动降噪功能也让我可以专心沉浸在音乐世界中，享受片刻的宁静。

追剧：在追剧过程中，FreeBuds 4E的延迟非常低，声音与画面同步。我可以清晰地听到每一个细节，剧情更加生动。而且，长时间戴着也没有任何不适感，非常舒适。

总结：华为FreeBuds 4E蓝牙耳机是一款性价比很高的产品，音质好、续航时间长、操作便捷。无论是听音乐还是追剧，它都能为你带来更好的体验。如果你是一个热爱音乐和影视剧的人，不妨考虑入手一副FreeBuds 4E，让你的生活更加丰富多彩！

图 6-1　ChatGPT 生成产品测评文案

如果想让测评更加专业、有说服力，用户可以补充一些产品的定位、功能、优缺点等基本信息，以便ChatGPT对产品进行全面的评价。如图6-2所示，在本次提问中补充产品的信息、测评方向、使用场景、使用体验等信息，ChatGPT将会生成更加全面的测评文案。

图6-2 ChatGPT润色修正结果

2. 使用"笔灵AI"

根据1.3.2节中的"笔灵AI"使用方法进入其主页面，在搜索栏中搜索"测评"，即可出现"测评文案"提示框，点击提示框进入相应模块页面，如图6-3所示。在页面

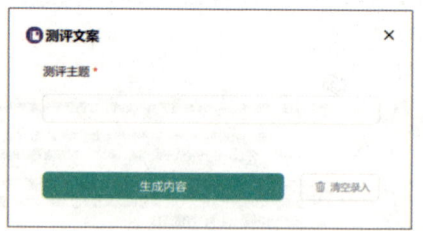

图6-3 "笔灵AI"中的"测评文案"模块

中只有"测评主题"这一项内容需要填写，但由于其没有字数限制，可以将其他约束条件一起输入，填写完成后点击"生成内容"即可。

在"笔灵 AI"的主页面，还可以找到相似内容的模块，比如"小红书商品推荐文案"，如图 6-4 所示。在该模板中，可以填写"商品名称""商品品牌""使用场景"三项内容，填写完成后，点击"生成内容"，可生成完整文案。

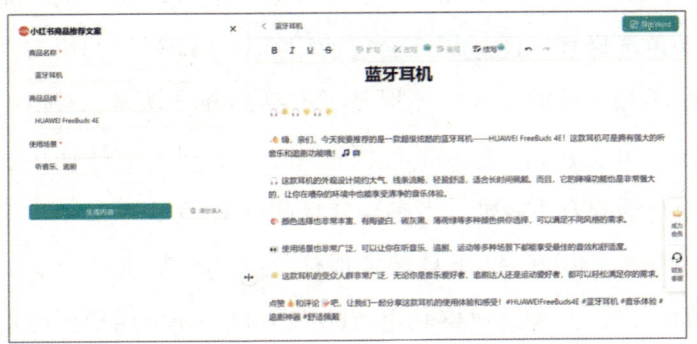

图 6-4 "笔灵 AI"中的"小红书商品推荐文案"模块

"笔灵 AI"写作中也提供"自定义撰写"功能。在主页面搜索栏中搜索"自定义撰写"，选定该模块，出现编辑页面；在"请选择语气"栏中选择"轻松"，在"想写什么就写什么"栏中输入"写一段关于 HUAWEI FreeBuds 4E 蓝牙耳机的测评文案，主要关于听音乐和追剧两个场景"；点击"生成内容"，生成的结果如图 6-5 所示。

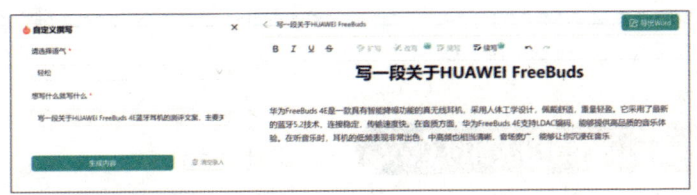

图 6-5 "笔灵 AI"中的"自定义撰写"模块

3. 案例对比与分析

使用 ChatGPT 时给出的基础信息较多，因此 ChatGPT 着重根据给出的信息，以客观和描述性的方式介绍产品的功能和性能，如音质、降噪效果和低延迟等；同时更加注重用户的体验描写，分别从音乐场景和追剧场景两个方面对产品进行了评价，重点突出产品在不同使用场景下的性能。

"笔灵AI"的"小红书商品推荐文案"模板，更注重产品的外观设计、颜色选择和广泛适用性。它使用了更生动活泼的语言，强调了产品的炫酷和功能的强大，还提及了产品的降噪功能、舒适度和多种使用场景，重点强调了产品的广泛适用性。此外，它还使用了号召性口号，以互动的方式鼓励读者参与分享和评论。

综合来看，两种AI工具都能抓住产品的优势进行介绍，都有吸引读者的地方，但表达风格和重点略有不同。如果用户想要使用模板快速生成写作风格较为活跃的产品测评文案，可以选择"笔灵AI"；如果用户想要生成专业性较强的产品测评文案，建议在掌握产品信息、用户体验等基本信息后，使用ChatGPT进行创作。

6.2 产品推广文案：
巧妙展示，扩大产品市场竞争力

6.2.1 产品推广的意义

产品推广对于企业的成功确实至关重要。有效的产品推广能够提高消费者对产品的认知度和接受度，吸引更多潜在客户，提高产品的吸引力和销售效果，提升品牌形象，帮助品牌建立口碑；还可以帮助产品和企业识别市场趋势，帮助改进产品设计和销售策略，以此来适应市场变化,并保持持续的竞争优势。

6.2.2 撰写产品推广文案的步骤

一篇好的产品推广文案不仅要从产品和品牌出发,还要关注产品的受众群体,在明确推广目标后,制订推广计划和推广内容,并选择合适的推广平台进行发布与执行。撰写推广文案的步骤主要包括以下六个方面。

①了解目标受众:了解目标受众的需求、兴趣和购买习惯。这将有助于企业为目标受众提供最吸引人的内容。

②明确推广目标:明确产品推广目标,比如提高品牌知名度、销售额、市场份额等。这将帮助企业制订相应的推广策略。

③制订推广策略:根据目标受众和推广目标,制订相应的推广策略,可以包括广告宣传、促销活动、公关活动、口碑营销等。

④选择推广渠道:选择适合产品和目标受众的推广渠道,可以包括电视广告、网络广告、社交媒体、线下活动等。

⑤制订推广计划:根据推广策略和推广渠道,制订具体的推广计划,包括推广时间、推广内容、预算等。

⑥创作推广内容:根据目标受众、推广目标和推广策略,创作有吸引力的推广内容,包括标题、描述、图像、视频等。

6.2.3 AI 撰写产品推广文案

目前的产品推广文案多见于线上推广,可用的平台有知乎、微博、简书、豆瓣、哔哩哔哩等,这些宣传平台的产品推广文案各有各的写作特色。很多 AI 写作工具根据发布平台的差异,提供了不同的书写模板,也有一些 AI 写作工具没有根据不同的产品发布平台定制书写模板,用户可以根据不同情境选择适合的 AI 写作工具。这里以华为

mate60 手机为例，分别使用"万彩 AI"和"文心一言"生成产品推广文案。

1. 使用"万彩 AI"

"万彩 AI"提供了产品推广文案撰写模板。运用 1.3.3 节给出的方式进入"万彩 AI"主页面，在上方选择"营销推广"，再在出现的一众模板选项中选择"产品推文"，即可打开该模板。当在模板内的提示框中输入简单的"华为 mate60，遥遥领先"，点击"立即生成"，生成结果如图 6-6 所示。如果在提示框中输入"华为 mate60，遥遥领先，从目标受众、推广目标、推广策略、推广渠道、推广计划、推广内容六个方面，写一篇产品推广文案，突出产品遥遥领先的特点"，点击"立即生成"，即可获得文案，如图 6-7 所示。点击生成的产品推文即可查阅完整内容，还可以进行续写、润色等操作。

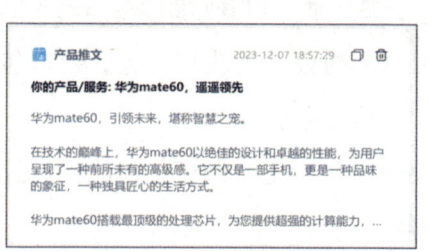 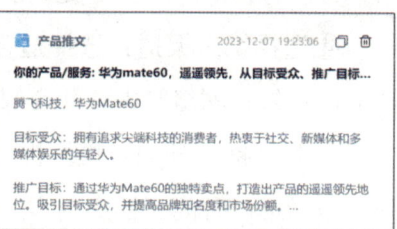

图 6-6　简单提示下"万彩 AI"　　图 6-7　描写特点后"万彩 AI"
　　　　生成产品推广文案　　　　　　　　　生成产品推广文案

2. 使用"文心一言"

"文心一言"可以采用对话的方式进行文案创作，并且可以通过不断交流，对文案进行改进。在"文心一言"对话框中输入："请你从目标受众、推广目标、推广策略、推广渠道、推广计划、推广内容六个方面，为华为 mate60 写一篇产品推广文案，突出产品遥遥领先的特点。"点击"发送"按钮，系统会从输入内容中挑选关键词，对六个方面的内容进行逐一描述，生成一篇产品推广方案，如图 6-8 所示，鼠标下滑可以查看完整内容。

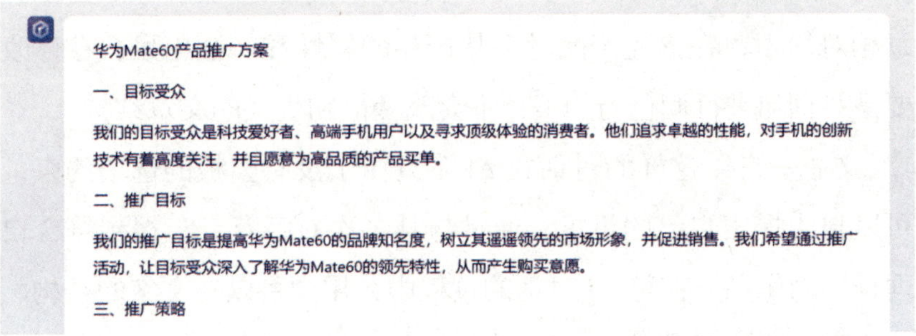

华为Mate60产品推广方案

一、目标受众

我们的目标受众是科技爱好者、高端手机用户以及寻求顶级体验的消费者。他们追求卓越的性能，对手机的创新技术有着高度关注，并且愿意为高品质的产品买单。

二、推广目标

我们的推广目标是提高华为Mate60的品牌知名度，树立其遥遥领先的市场形象，并促进销售。我们希望通过推广活动，让目标受众深入了解华为Mate60的领先特性，从而产生购买意愿。

三、推广策略

图 6-8　“文心一言”生成产品推广文案

用户可以将上述生成的文案当作基础，通过多次对话对其进行补充润色，使文案趋于完善，比如，再次输入：“请将上述推广文案进行润色修改，可以采用简洁、专业的风格，同时加入一些生动的形容词，以激发消费者的兴趣。文案可以强调产品的高性能、创新设计和出色的拍照功能，同时突出其美观的特点。并将六个方面的内容融会贯通，不分点。”修改后的文案如图 6-9 所示，鼠标下滑可以查看完整方案。在文案下方，“文心一言”还会给出“补充价格优势”“增加有趣结尾”等提示，可以拓宽用户的思路。

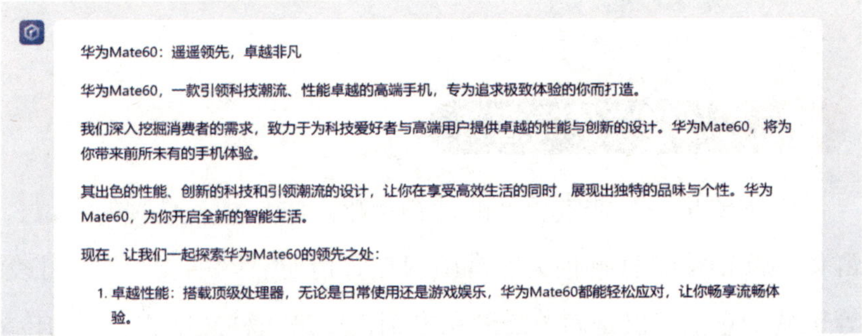

华为Mate60：遥遥领先，卓越非凡

华为Mate60，一款引领科技潮流、性能卓越的高端手机，专为追求极致体验的你而打造。

我们深入挖掘消费者的需求，致力于为科技爱好者与高端用户提供卓越的性能与创新的设计。华为Mate60，将为你带来前所未有的手机体验。

其出色的性能、创新的科技和引领潮流的设计，让你在享受高效生活的同时，展现出独特的品味与个性。华为Mate60，为你开启全新的智能生活。

现在，让我们一起探索华为Mate60的领先之处：

1. 卓越性能：搭载顶级处理器，无论是日常使用还是游戏娱乐，华为Mate60都能轻松应对，让你畅享流畅体验。

图 6-9　“文心一言”润色产品推广文案

3. 案例对比与分析

"万彩 AI"这样有模板的 AI 工具操作起来十分便捷，可以减少用户的工作，节约大量时间，但是生成的文案涉及的内容较少，生成的文章相对简短，在描述产品时多从产品的属性和特征出发，在修改时主要是对词句进行润色与加工，不会改变最初生成的文章结构。

"文心一言"这样的对话式 AI 工具由于没有模板的选项约束，用户可以自由提出自己的诉求，通过与其多次对话互动，得到符合自己心理预期的作品。在与 AI 对话的过程中，用户可以对文案的结构、逻辑等方面内容进行修改，还可以完全自定义文案内容。建议用户多采用第 2 章中讲到的提示词与对话的语言技巧，这会使用户与 AI 的沟通更加有效。

总体来说，如果时间紧张，且对文案的需求偏向于一般化、标准化，建议用户选用有模板的 AI 工具；如果有特殊需求或自由度较大，建议用户选用对话式 AI 工具。

6.3 品牌宣传文案：
塑造价值，巩固品牌地位

6.3.1 品牌宣传的意义

品牌宣传是一种非常重要的营销策略。它与相关品牌的定位、受众群体和营销策略息息相关，常出现在宣传册、网站、广告、社交媒体等领域。它不仅仅是简单的产品推销，更是一种文化、理念的传播。它通过多方面的手段，如广告、公关、促销、人际传播等，来提高品牌的知名度和口碑，进而传达品牌的核心价值观、塑造品牌形象、引导消费者、提升品牌竞争力和推动品牌发展等。

6.3.2 品牌宣传文案的结构

品牌宣传文案通常包括标题、引导语、主题内容、解决的问题、品牌标识、结尾等部分，各部分的内容和作用如下。

①标题：当读者阅读品牌宣传文案时最先映入眼帘的是标题，它能够快速吸引读者的注意。一个优秀的标题具有简洁、有吸引力、容易引起读者共鸣等特点。

②引导语：引导语的作用是激发读者的好奇心，使他们想要了解更多关于产品的信息。

③主体内容：主体内容是品牌宣传文案的核心，需要具体介绍相关品牌的特点、优势、价值和理念等信息，整体上应逻辑清晰、条理分明。

④解决的问题：品牌宣传文案要明确表达该品牌的受众群体、能够解决的问题、满足了哪些需求，这些是很多潜在客户关注的重点。

⑤品牌标识：在品牌宣传文案中，品牌标识扮演着重要的角色，能够提高品牌的形象及认知度，使读者对品牌产生更强烈的好感和信任感。

⑥结尾：结尾是对品牌宣传文案的总结，它的作用是画龙点睛，呼吁读者采取一定的行动，鼓励读者支持品牌的服务。

6.3.3 AI 撰写品牌宣传文案

AI 撰写品牌宣传文案的流程如下。

①确定宣传文案的结构，并使 AI 明确品牌的定位。

②使 AI 确定宣传目的，比如提升相关品牌的知名度、促销该品牌的商品等。

③让 AI 生成标题，要具备简洁、有创意、吸引注意力等特点。

④让 AI 生成文案，需要注意使用简洁的语言，突出品牌的核心价值，在文案中要吸引读者采取相关行动，比如购买产品、访问网站等，实现品牌宣传的目的。在整个文案中可以加入具有个性和创意的元素，提高品牌的辨识度。

⑤对宣传文案进行优化。

这里以“孔凤春”这个品牌为例，分别使用 ChatGPT 和“智谱清言”生成品牌宣传文案，过程与结果如下。

1. 使用 ChatGPT

在使用 ChatGPT 生成品牌宣传文案时，用户可以直接根据上述流程进行提问。一种方法是分步提问，在获取反馈后，再让 ChatGPT 对所有满足需求的内容进行总结并生成最终文案。另一种方法是直接将所有问题在一次对话中全部输入，比如输入：“请从制订品牌战略、创意设计、实施传播、评估效果四个角度出发，为品牌‘孔凤春’创作一篇品牌宣传文案，文案内容要包含标题、引导语、主体内容、解决的问题、品牌标识和结语。解决的问题主要包括该品牌的受众群体、能够解决的问题、满足了哪些需求。”点击“发送”按钮，结果如图 6-10 所示。

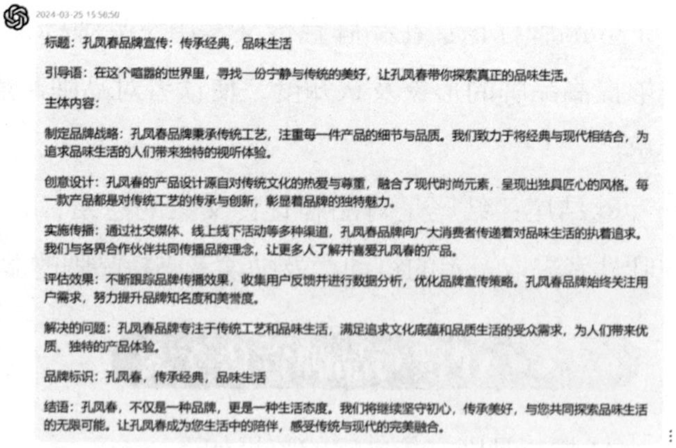
2024-03-25 15:56:50

标题：孔凤春品牌宣传：传承经典，品味生活

引导语：在这个喧嚣的世界里，寻找一份宁静与传统的美好，让孔凤春带你探索真正的品味生活。

主体内容：

制定品牌战略：孔凤春品牌秉承传统工艺，注重每一件产品的细节与品质。我们致力于将经典与现代相结合，为追求品味生活的人们带来独特的视听体验。

创意设计：孔凤春的产品设计源自对传统文化的热爱与尊重，融合了现代时尚元素，呈现出独具匠心的风格。每一款产品都是对传统工艺的传承与创新，彰显着品牌的独特魅力。

实施传播：通过社交媒体、线上线下活动等多种渠道，孔凤春品牌向广大消费者传递着对品味生活的执着追求。我们与各界合作伙伴共同传播品牌理念，让更多人了解并喜爱孔凤春的产品。

评估效果：不断跟踪品牌传播效果，收集用户反馈并进行数据分析，优化品牌宣传策略。孔凤春品牌始终关注用户需求，努力提升品牌知名度和美誉度。

解决的问题：孔凤春品牌专注于传统工艺和品味生活，满足追求文化底蕴和品质生活的受众需求，为人们带来优质、独特的产品体验。

品牌标识：孔凤春，传承经典，品味生活

结语：孔凤春，不仅是一种品牌，更是一种生活态度。我们将继续坚守初心，传承美好，与您共同探索品味生活的无限可能。让孔凤春成为您生活中的陪伴，感受传统与现代的完美融合。

图 6-10　ChatGPT 生成品牌宣传文案

需要注意的是，在首次提问时，用户要讲清楚品牌属于哪个行业，否则 ChatGPT 给出的结果会出现一定的偏差；发现偏差时，也可以通过输入"'孔凤春'是一个化妆品品牌，它的产品特点是纯植物提取的平价护肤品牌。请根据这个提示修改上述文案"这样的话术，让 ChatGPT 进行修正，修正结果如图 6-11 所示。如果用户对文案不太满意，也可以通过提问的方式让 ChatGPT 对文案进行润色，如图 6-12 所示。

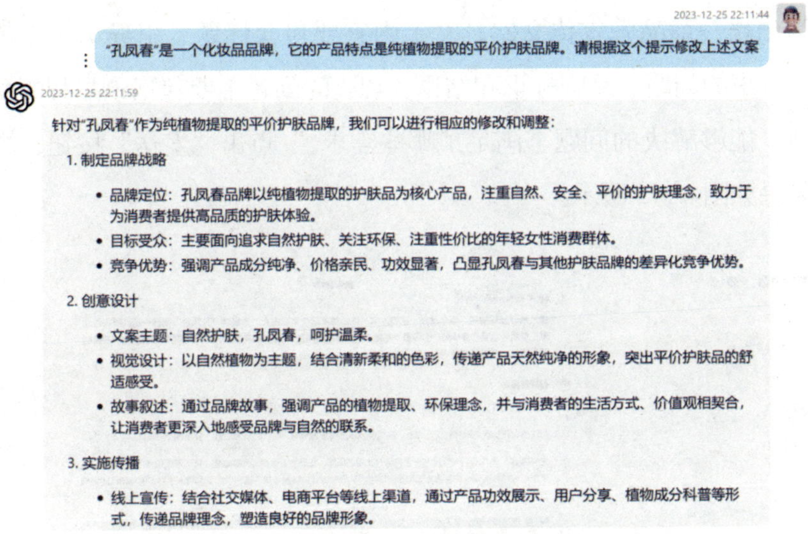
2023-12-25 22:11:44

"孔凤春"是一个化妆品品牌，它的产品特点是纯植物提取的平价护肤品牌。请根据这个提示修改上述文案

2023-12-25 22:11:59

针对"孔凤春"作为纯植物提取的平价护肤品牌，我们可以进行相应的修改和调整：

1. 制定品牌战略
   - 品牌定位：孔凤春品牌以纯植物提取的护肤品为核心产品，注重自然、安全、平价的护肤理念，致力于为消费者提供高品质的护肤体验。
   - 目标受众：主要面向追求自然护肤、关注环保、注重性价比的年轻女性消费群体。
   - 竞争优势：强调产品成分纯净、价格亲民、功效显著，凸显孔凤春与其他护肤品牌的差异化竞争优势。
2. 创意设计
   - 文案主题：自然护肤，孔凤春，呵护温柔。
   - 视觉设计：以自然植物为主题，结合清新柔和的色彩，传递产品天然纯净的形象，突出平价护肤品的舒适感受。
   - 故事叙述：通过品牌故事，强调产品的植物提取、环保理念，并与消费者的生活方式、价值观相契合，让消费者更深入地感受品牌与自然的联系。
3. 实施传播
   - 线上宣传：结合社交媒体、电商平台等线上渠道，通过产品功效展示、用户分享、植物成分科普等形式，传递品牌理念，塑造良好的品牌形象。

图 6-11　ChatGPT 修正品牌宣传文案

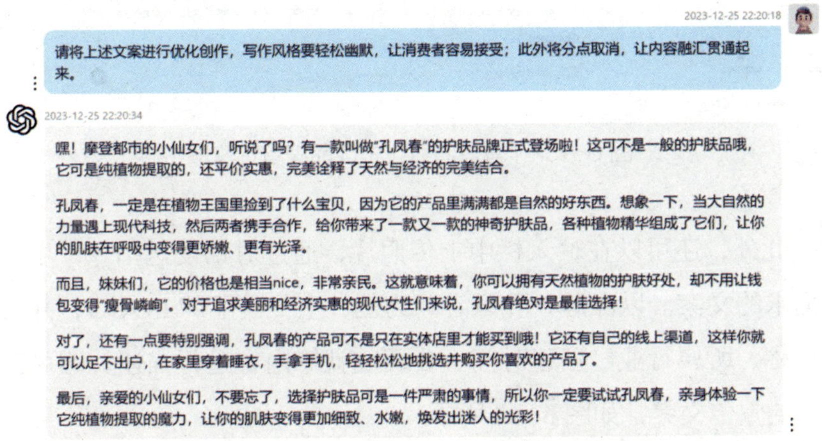
2023-12-25 22:20:18

请将上述文案进行优化创作，写作风格要轻松幽默，让消费者容易接受；此外将分点取消，让内容融汇贯通起来。

2023-12-25 22:20:34

嘿！摩登都市的小仙女们，听说了吗？有一款叫做"孔凤春"的护肤品牌正式登场啦！这可不是一般的护肤品哦，它可是纯植物提取的，还平价实惠，完美诠释了天然与经济的完美结合。

孔凤春，一定是在植物王国里捡到了什么宝贝，因为它的产品里满满都是自然的好东西。想象一下，当大自然的力量遇上现代科技，然后两者携手合作，给你带来了一款又一款的神奇护肤品，各种植物精华组成了它们，让你的肌肤在呼吸中变得更娇嫩、更有光泽。

而且，妹妹们，它的价格也是相当nice，非常亲民。这就意味着，你可以拥有天然植物的护肤好处，却不用让钱包变得"瘦骨嶙峋"。对于追求美丽和经济实惠的现代女性们来说，孔凤春绝对是最佳选择！

对了，还有一点要特别强调，孔凤春的产品可不是只在实体店里才能买到哦！它还有自己的线上渠道，这样你就可以足不出户，在家里穿着睡衣，手拿手机，轻轻松松地挑选并购买你喜欢的产品了。

最后，亲爱的小仙女们，不要忘了，选择护肤品可是一件严肃的事情，所以你一定要试试孔凤春，亲身体验一下它纯植物提取的魔力，让你的肌肤变得更加细致、水嫩，焕发出迷人的光彩！

图 6-12　ChatGPT 润色品牌宣传文案

2. 使用"智谱清言"

进入"智谱清言"主页面，在"智谱清言"的"智能体中心"中，选择不同的类型文案创作，平台会在不同的分类下设置相关的文案类型。如果要书写品牌宣传文案，可以在搜索框中填写"品牌宣传"，在搜索结果中选择"品牌宣传稿"模板，在对话框中输入"请从制订品牌战略、创意设计、实施传播、评估效果四个角度出发，为品牌'孔凤春'创作一篇品牌宣传文案，文案内容要包含标题、引导语、主体内容、解决的问题、品牌标识和结语。解决的问题主要包括该品牌的受众群体、能够解决的问题、满足了哪些需求。"点击"发送"按钮，生成的结果如图6-13所示。

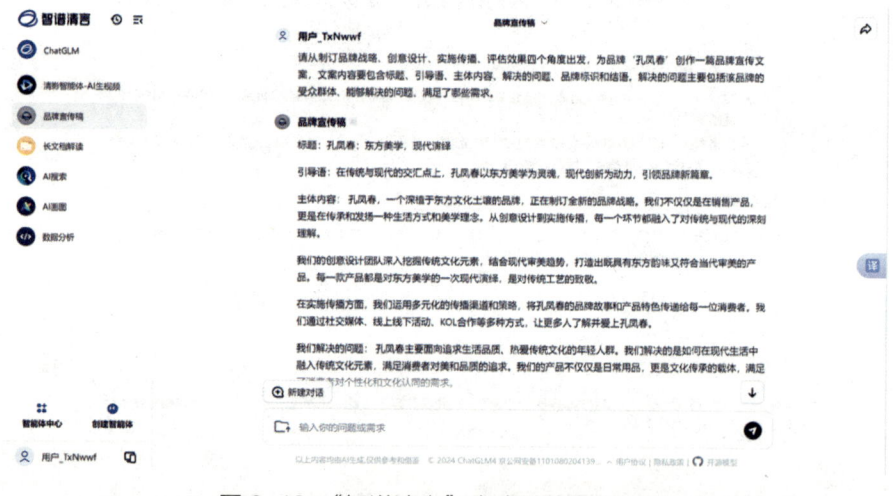

图6-13 "智谱清言"生成品牌宣传文案

此外，还可以在输入栏中上传照片，通过对话发送指令，生成符合需求的文案。以品牌"孔凤春"为例，上传其品牌LOGO，并对公司名称、所属行业、创建时间、公司成就等内容进行描述，即可获得不同的宣传文案，如图6-14所示。

> **品牌宣传稿**
>
> 标题：孔凤春：世纪传承，美妆传奇
>
> 引导语：自1862年清同治元年起，孔凤春承载着三个世纪的文化精髓，如今荣获"非物质文化遗产"称号，续写着美妆行业的传奇故事。
>
> 主体内容：孔凤春，一个跨越三个世纪的美妆品牌，以其深厚的历史底蕴和独特的文化魅力，成为美妆界的瑰宝。我们的品牌不仅仅是一个名字，它是一种文化的传承，一种美的哲学。

图 6-14 "智谱清言"完善品牌宣传文案

3. 案例对比与分析

ChatGPT 创作的品牌宣传文案风格较为活泼、轻松，用词更加口语化、亲民化，如"嘿""小仙女们""平价实惠""nice"等，更贴近读者的生活，增加了亲和力和可信度。另外，ChatGPT 也使用了很多形象生动的描写，比如"植物王国""大自然的力量""现代科技"等，使得产品的特点更加生动形象。

"智谱清言"创作的品牌宣传文案的风格比较正式，使用了一些形容词和修饰语来强调"孔凤春"品牌的特点，如"传奇故事""跨越三个世纪""深厚的历史底蕴""独特的文化魅力"等；同时也使用了一些象征性的词语，如"美的哲学"等，来增强品牌的神秘感和吸引力。

总体来说，使用 ChatGPT 创作时，用户可以通过假设的方式设定角色，可参考本书第 2 章讲到的提问技巧；使用"智谱清言"创作时，用户可以选择角色和文案模板，操作会更加简单，不需要掌握太多的提问技巧。

6.4 新媒体销售文案：引导流量，提升产品销售业绩

6.4.1 新媒体销售略知一二

新媒体销售是借助新媒体平台进行销售的一种方式。它具有数字化、互动性、个性化、精准化等特点，能够实现更加高效的销售效果。新媒体销售的常见平台包括搜索引擎、电子邮件以及微信、抖音等各种社交媒体。要想在新媒体销售中获得成功，销售文案是关键。新媒体销售文案可以通过文字、图片、视频等形式，将产品或服务的信息传达给潜在客户，激发他们的购买欲望，并最终实现销售目标。

6.4.2 创作新媒体销售文案的步骤

新媒体销售文案中需包括定位目标客户、打造品牌形象、构建营销矩阵、制订销售计划等内容。创作新媒体销售文案的具体步骤如下。

①了解目标受众：明确目标受众的年龄、性别、职业、兴趣等。

②确定销售主题和卖点：选择一个简洁明了的销售主题，以及一个或多个吸引人的卖点，这将构成销售文案的核心。

③创作吸引人的标题：标题是吸引读者注意力的关键，因此要简洁、有吸引力、能够概括销售主题。

④撰写流畅的销售文案：用简洁明了的语言描述产品或服务，强调其优势和特点，同时解决潜在客户的痛点。

⑤设计吸引人的配图或视频：选择适当的视觉元素，如图片或视频等，以吸引读者的注意力，并激发他们的购买欲望。

6.4.3　AI 创作新媒体销售文案

下面，我们使用"文心一言"和"搭画快写"来进行案例演示。

1. 使用"文心一言"

在使用"文心一言"进行新媒体销售文案创作时，可以参考 6.4.2 节提到的要素。以"西屋智能按摩椅"为例，在"文心一言"的对话框中输入："请为西屋智能按摩椅写一篇销售文案，重点突出它将舒适凉爽质感与专业技术完美结合，拥有全方位按摩功能，让用户可以随时享受高效放松体验的特点，受众群体为家庭使用者。文案内容要包括目标受众、销售主题与卖点、标题与文案，尽可能提供配图。"点击"发送"按钮，生成结果如图 6-15 所示。后续的修改可通过反复对话提问来完成。

图 6-15　"文心一言"生成新媒体销售文案

2. 使用"搭画快写"

在使用"搭画快写"进行新媒体销售文案的创作时，用户可以选择其内置模板进行创作。在"搭画快写"主页面左侧，用户可以找到

"快速创作"分类下的"小红书营销文案"模板,以及"其他自媒体门户"分类下的"营销文案"模板,用户可根据文案发布平台选择合适的文案模板。

以"快速创作"分类下的"小红书营销文案"模板为例,用户需要输入"题目/产品/品牌""大概内容",选择"语气""内容格式",设置字数和生成篇数,点击"立即生成"即可完成创作。如果需要在销售文案中增加图片,使文案更加生动,可通过点击"使用图库图片"完成图片的上传。

以"西屋智能按摩椅"为例,在"题目/产品/品牌"栏输入"西屋智能按摩椅",在"大概内容"栏输入具体要求,选择"语气"为"赞扬",选择"内容格式"为"文档格式",点击"立即生成",即可生成相应文案,如图6-16所示。

图6-16 "搭画快写"生成新媒体销售文案

3. 案例对比与分析

通过上述案例可以发现,"文心一言"可以让用户用更加开阔的思维去创造新媒体销售文案，不受模板的限制，生成的文案能够更加符合用户的期待；"搭画快写"通过设置"题目／产品／品牌""大概内容""语气""内容格式"等内容生成文案，可自由选择生成的文案数量和篇幅，且生成的文案从多角度进行分析，内容清晰有条理，还会对用户提供的关键词进行标注，便于后期的总结修改，也可以上传图片，使文案更加生动具体。

因此，使用"文心一言"创作新媒体销售文案时，用户需要掌握一定的提问技巧，确保输出的文案更加符合期待；而使用"搭画快写"创作新媒体销售文案则相对操作简单，能够从多角度表达商品的特性，使得文案更加专业且"出圈"。

6.5　活动策划文案：优化活动，扩大品牌知名度

6.5.1　了解活动策划文案

活动策划文案在商业和营销领域中具有重要的意义，它可以帮助品牌提高知名度和曝光率，吸引更多的潜在客户参与活动，促进销售和增加收益。活动策划文案是通过文字、图片、视频等形式，将特定活动或品牌信息传达给目标受众的文案，以提高受众对活动的参与度和关注度。同时，活动策划文案还可以帮助建立品牌形象，提高品牌的知名度和口碑，从而提高品牌的竞争力和市场占有率。

6.5.2　创作活动策划文案的步骤

活动策划文案的创作一般要先考虑活动主题、活动内容、推广目

标、资源和预算等方面的内容，同时要将品牌的价值观融入活动中，让更多的用户以轻松愉快的方式认识品牌、接受品牌。创作活动策划文案的步骤具体如下。

①明确活动主题和目标受众：在撰写活动推广文案前，要明确活动主题、目标受众及他们的兴趣和需求。

②确定文案风格和媒体形式：根据活动主题和目标受众，确定文案的风格（如幽默、严肃、科技感等）和媒体形式（如文字、图片、视频等）。

③描述活动内容和亮点：在文案中详细描述活动的具体内容、亮点和特色，包括活动的时间、地点、参与方式、奖项设置等。

④突出品牌形象和价值观：在文案中突出品牌的形象和价值观，以增加目标受众对品牌的认知度和好感度。

⑤创作吸引人的标题和配图：标题是吸引读者注意力的关键，因此要简洁、有吸引力，能够概括活动的核心内容；要选择与活动相关的配图，以增强视觉效果和吸引力。

⑥发布和推广：将文案发布到相应的媒体平台，如社交媒体、博客、微信公众号等；同时，可以通过分享、转发、点赞等方式来推广文案，扩大受众范围。

6.5.3　AI 创作活动策划文案

下面，我们使用"AI 写作猿"和 ChatGPT 来进行案例演示。

1. 使用"AI 写作猿"

在"AI 写作猿"中，有三种方法可以完成一篇活动策划文案。

第一种，在软件的主页面可以看到一个"AI 创作"的选择框，如图 6-17 所示，点击进入编辑页面，在文本框中直接输入若干关键词或要求，点击"一键创作"，软件会自动生成相关文案。比如，输入"请帮我完成一篇关于七夕节雅诗兰黛粉底液的活动策划，内容要包含活动主题和目标受众、标题、发布和推广、活动内容亮点；文案风格要幽默轻松；突出品牌形象和价值观"，点击"一键创作"，生成结果如图 6-18 所示。

 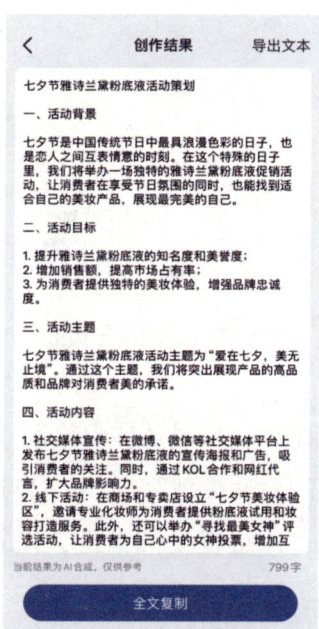

图 6-17 "AI 写作猿"主页面　　图 6-18　通过"AI 创作"生成活动策划文案

第二种，点击主页面下方的"创作"，在其页面中可以看到"热门""职场""自媒体""视频""教学"等多个创作门类，如图 6-19 所示，每个门类下有具体的写作模板，用户可以根据需求选择不同的模板，点击即可进入编辑页面，根据页面中的提示填写需要的内容即可获得对应文案。

第三种，即采用 AI 对话的方式获取文案。在"AI 对话"页面中，用户可以直接提出写作要求，让 AI 生成文案，并通过不断提问的方式改进文案，如图 6-20 所示。

 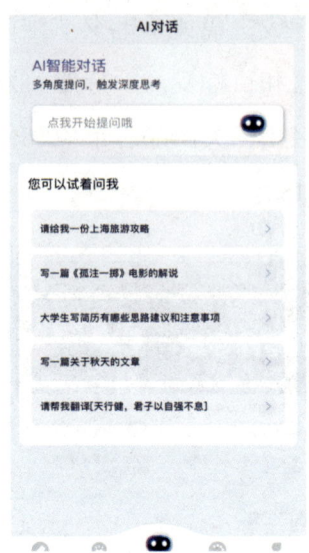

图 6-19 "创作"页面　　　　图 6-20 "AI 对话"页面

比如，在对话框中输入"请帮我完成一篇关于七夕节雅诗兰黛粉底液的活动策划"，点击"发送"按钮，生成结果如图 6-21 所示。此外，可以根据实际情况，以对话的形式多次互动，对文案进行修改润色。

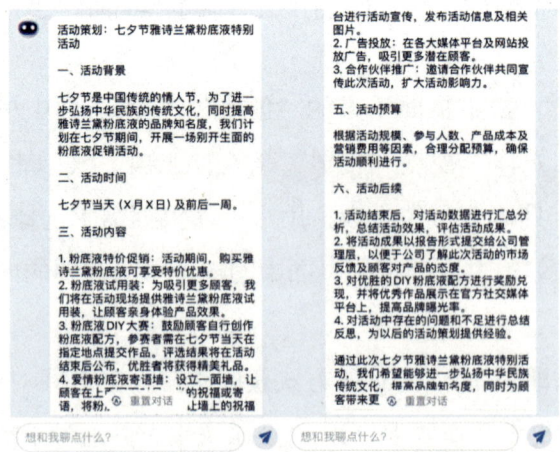

图 6-21 通过"AI 对话"生成活动策划文案

2. 使用 ChatGPT

在使用 ChatGPT 创作活动策划文案时可以使用指令式提问的方式,用户给出的指令越清晰和具体,得到的结果越符合期待。在提问前用户可以借助一些经典的结构,比如是什么、怎么做,让表达更加清晰且有逻辑。此外,要清晰地表达文案创

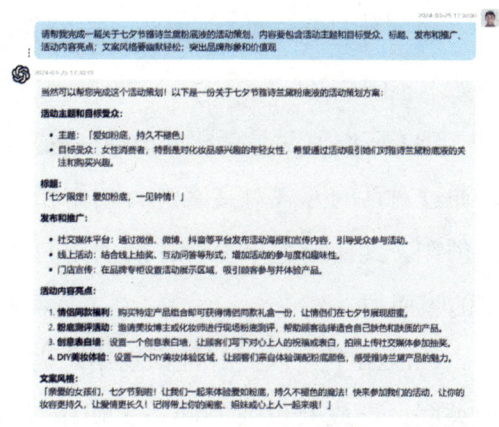

图 6-22　ChatGPT 生成活动策划文案

作的需求,多用短句进行提问,使 ChatGPT 更加容易理解。以"七夕节雅诗兰黛粉底液活动策划"为例,ChatGPT 生成文案如图 6-22 所示。

如果用户感觉文案不符合预期结果,可以通过角色赋予、补充需求的方式,让文案更加完整,并补充受众群体、文案风格、配图等内容。比如,在 ChatGPT 的对话框中继续输入"现在你是一名活动策划主要负责人,结合上述活动策划,对文案进行补充润色。本次活动的受众群体为三十岁左右的女性,文案的风格为轻松幽默,可以添加一些表情图案,并且为文案增加一些配图",点击"发送"按钮,文案润色结果如图 6-23 所示。

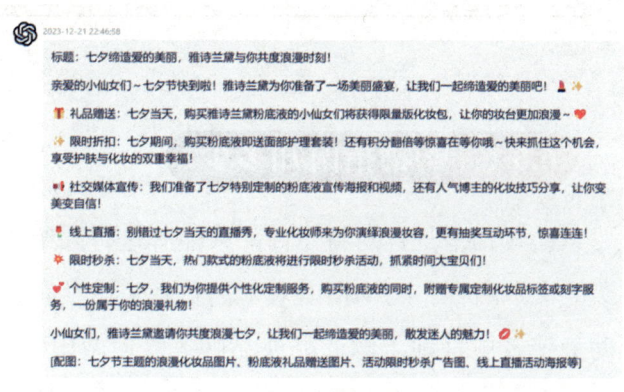

图 6-23　ChatGPT 润色后的活动策划文案

3. 案例对比与分析

通过对上述案例进行对比，我们可以看出"AI 写作猿"与 ChatGPT 有如下不同之处。

"AI 写作猿"是手机端软件，需在手机上下载安装后使用。它可以通过对话的方式对文案进行创作和修改，也可以使用内置的模板进行创作。其操作简单易行，所创作的文案用词亲切自然，从而提升活动的吸引力。

ChatGPT 可以更好地识别用户需求，并能够将各种信息进行整合和关联，形成有价值的回答。使用 ChatGPT 获得的写作风格是多变的，可以满足用户的不同需求。

两种 AI 工具没有好坏之分，用户可以根据自己的需求和喜好选用适合的 AI 工具。

6.6 购物指南：科学指导，助力明智选择

6.6.1 购物指南知多少

购物指南是针对特定商品或品牌进行介绍、比较、推荐或引导购买的文本内容。购物指南对于消费者来说具有重要的意义，它可以帮助消费者更好地了解商品或品牌，以便做出明智的购买决策。同时，购物指南还可以为消费者提供比较不同商品或品牌的方法，帮助他们选择最适合自己的产品。此外，购物指南还可以提高商品或品牌的知

名度和信誉度，促进销售和增加收益。

6.6.2 创作购物指南的步骤

购物指南通常包括商品或品牌的基本信息、特点、优势、使用方法等，以及对购买渠道、价格、售后服务等方面的建议。创作购物指南的写作步骤具体如下。

①了解目标受众：明确目标受众的购物需求和关注点，以便提供有针对性的信息。

②收集全面的信息：通过多种途径收集商品或品牌的各方面信息，包括产品的特点、性能、质量、价格、购买渠道、售后服务等。

③突出亮点和优势：在文案中突出商品或品牌的亮点和优势，吸引消费者的注意力。

④使用简洁明了的语言：避免使用过于复杂的词汇和语句，以便消费者更容易理解。

⑤创作吸引人的标题和配图：标题要简洁、有吸引力，概括购物指南的核心内容；选择与商品或品牌相关的配图，以增强视觉效果和吸引力。

⑥提供建议和引导：在文案中提供购买建议和引导话语，帮助消费者选择最适合自己的产品，并激发他们的购买欲望。

6.6.3 AI 创作购物指南

下面，我们使用"智谱清言"和"讯飞星火"来进行案例演示。

1. 使用"智谱清言"

用户可以在"智谱清言"主页面中选择"ChatGLM"，在对话框中输入内容，运用对话式服务让其进行写作。以智能手环购物推荐为例，在对话框中输入："你是一名智能手环测评专家，请为购买智能手环的人推荐以下内容。智能手环品牌：乐心 MAMBO5、华为手环 7、小米手环 7pro、didoY20s pro。推荐角度：手机品牌与手环的兼容程度、基本配置、防水性、续航。从目标受众需求出发，收集全面信息，突出亮点和优势，语言应简洁明了，标题应引人注目，并提出购买建议。"点击"发送"按钮，生成结果如图 6-24 所示。

图 6-24 "智谱清言"通过对话生成购物指南

用户也可以在"智谱清言"的"ChatGLM"中点击右上角的"灵感大全"，从中选择"营销人"的身份，平台会提供如"健身饮料推荐""季节性护肤品推荐""男性护肤品推荐"等购物指南文案模板。用户可以直接点击对应的模板，"智谱清言"将会直接生成一篇购物指南文案，如图 6-25 所示。用户可以此为基础，在对话框中输入产品信息等内容，对文案进行修改。

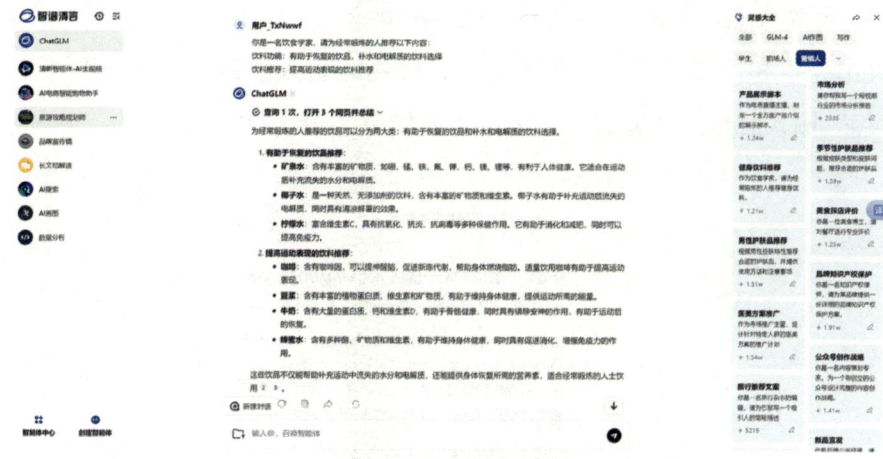

图 6-25 "智谱清言"通过模板生成购物指南

2. 使用"讯飞星火"

选择"讯飞星火"APP 主页面的"智能体"一栏，进入"应用广场"，选择"营销"门类下的"小红书种草文案助手"，然后直接输入产品名称，即可获得文案，如图 6-26 所示。同时，也可以通过对话提问的方式，提出更多的约束，来完成文案的书写。

以运动手环的购物指南为例，通过对话提问的方式，具体输入内容为："你是一名智能手环测评专家，请为购买智能手环的人推荐以下内容。智能手环品牌：乐心 MAMBO5、华为手环 7、小米手环 7pro、didoY20s pro。推荐角度：手机品牌与手环的兼容程

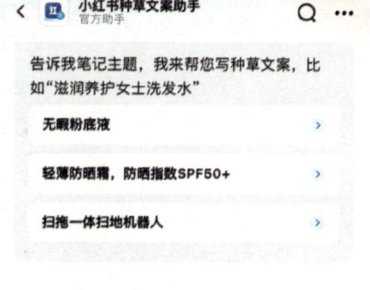

图 6-26 "讯飞星火"中的"小红书种草文案助手"

度、基本配置、防水性、续航。从目标受众需求出发，收集全面信息，突出亮点和优势，语言应简洁明了，标题应引人注目，并提出购买建议。"输入后点击"发送"按钮，生成结果如图 6-27 所示。

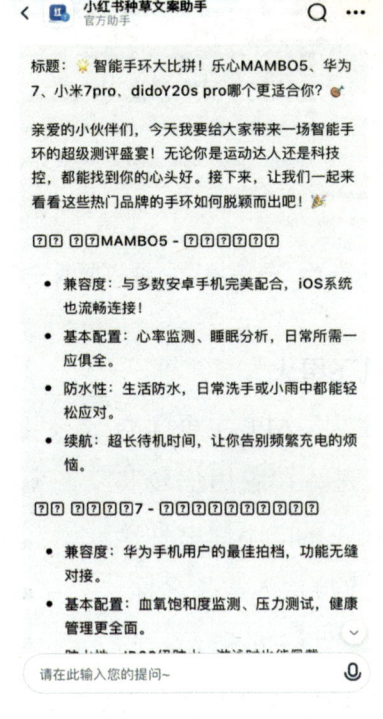

图 6-27 "讯飞星火"生成购物指南

3. 案例对比与分析

在创作购物指南时，"智谱清言"和"讯飞星火"都提供了多种模板和样式供用户选择，且均可采用对话的方式完成文案创作；对于文案的润色修改，两者都只能通过对话进行新的约束，不能实现词语和句子的修改。

但两者的写作风格迥然不同。"智谱清言"的写作风格更加严肃和专业。在其生成的文本中，用词精准且专业，凸显对特定领域的深入理解。"智谱清言"善于运用各种数据、事实来佐证其观点，增强了文案的说服力和可信度。相比之下，"讯飞星火"的写作风格则更加轻松活泼。在其生成的文案中，不仅可以看到生动有趣的描述，还可以看到一些表情图案和活泼字符，使整个文案更加接地气，充满了生活气息。这种风格既能够吸引读者的注意力，也更易于读者理解和接受信息。用户可根据自己的需求和喜好选用适合的 AI 工具。

第 7 章　生活社交与虚构写作

7.1　回复内容：
交流互动，增进理解与信任

7.1.1　回复内容的注意事项

如今，网络已成为我们生活的一部分，大家可以在不同的平台畅所欲言。然而，我们也要意识到，网络并不是法外之地。当回复内容时，我们应该始终保持礼貌和尊重，避免使用侮辱性语言或攻击性言论，这样才能保持良好的交流氛围。同时，要确保回复内容是针对作者所提评论中的关键观点或问题，这样才能提供有意义的交流和讨论。回复时可以包含有益的信息或个人见解，这样可以为讨论增添价值，并向其他参与者提供新的思路或信息。另外，针对负面评论，要尽量避免陷入争论和争执，而应以理性和客观的态度回应，保持冷静并寻求共识。

7.1.2　撰写回复内容的步骤

当用户想要在网上进行回复时，有时可能会担心自己表达的观点不够清晰或用词不当。这时，可以借助 AI 工具来提供优质的回复内容。AI 工具可以帮助用户表达观点，提供深入见解，以及用恰当的语言组织回复。用户在使用 AI 工具撰写回复内容时可参考如下步骤。

①分析评论：分析评论的内容和情感色彩，了解评论者的立场和

观点。

②思考回复内容：考虑如何以礼貌和专业的方式回应评论中的关键观点，并提供有益的信息或见解。

③利用 AI 工具检查：使用 AI 工具进行语法检查、句式优化以及提供更具说服力的表达方式，确保回复内容准确清晰，并具备较高的可读性。

④修正和完善：对 AI 工具生成的回复内容进行修正和完善，确保回复礼貌得体、信息丰富和专业。

7.1.3　AI 撰写回复内容

下面，我们使用"笔灵 AI"和 ChatGPT 来进行案例演示。

1. 使用"笔灵 AI"

在"笔灵 AI"中，有一个"生活娱乐"的创作分类。在点击"生活娱乐"后，用户可以找到"高情商回复"的选项。点击该选项即可进入创作页面，如图 7-1 所示，用户可根据页面提示进行填写，可以填写网络上的文案、评论，也可以表达自己的观点看法，然后点击"生成内容"，即可获得 AI 创作的回复内容。比如，填写"安慰比赛中没有获得第一名的舍友"，可获得如图 7-2 所示的 AI 创作成果。

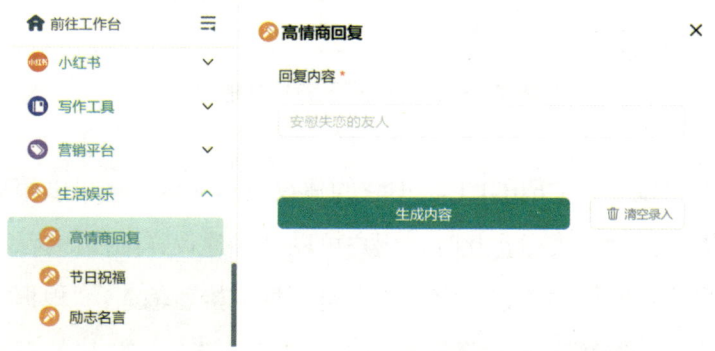

图 7-1　"笔灵 AI"的"高情商回复"模板

用户在使用"笔灵AI"的"高情商回复"模板时，仅需要填写回复内容，点击"生成内容"即可。

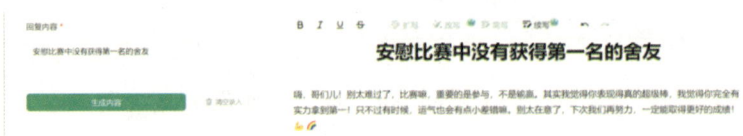

图7-2 "笔灵AI"生成回复内容

2. 使用ChatGPT

在使用ChatGPT撰写回复内容之前，用户可以先让ChatGPT分析需要回复的话语中的感情色彩。比如，让它分析"比赛中失利了，最近心情好低落，无心学习"中的感情色彩，并建议回复内容需要包含的要素。得到的建议结果如图7-3所示。

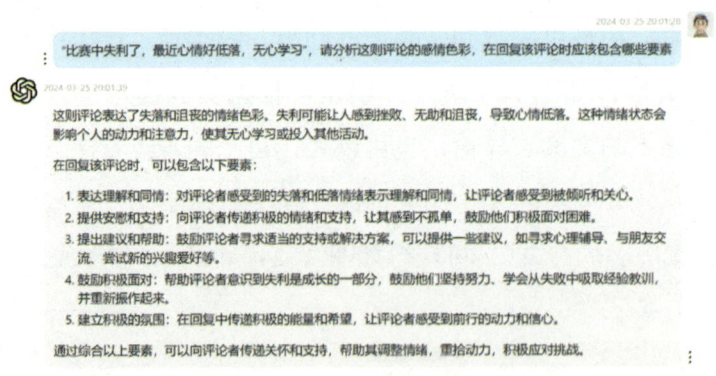

图7-3 ChatGPT分析并建议

用户可以要求ChatGPT根据它的建议撰写文案，还可以根据建议对文案进行扩充和改写。此时，用户可以结合建议详细描述背景信息，从而获得符合期待的文案。比如，在对话框中接着输入："根据你的这几个建议，请帮我完成一篇安慰舍友的文案。背景：与我关系很好的舍友，参加了数字建模比赛，在比赛前她积极备赛，花了大量的时间和精力，最后她没有获得国赛的一等奖，对此她非常难过，不停地否定自己的学习能力。"点击"发送"按钮，获得如图7-4所示的结果。

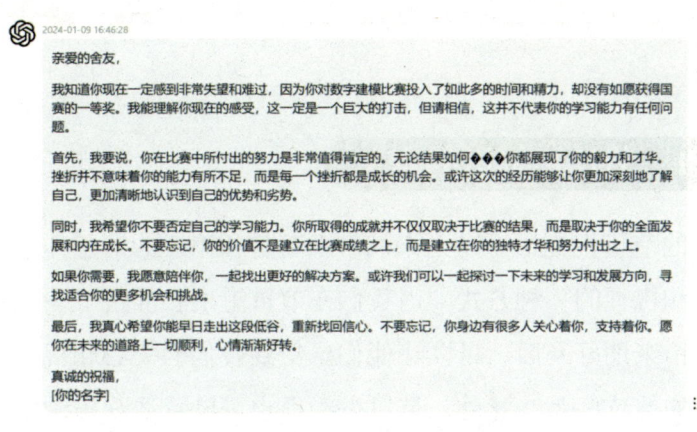

图7-4 ChatGPT生成回复内容

3. 案例对比与分析

两种AI工具创作的文案，都在表达对对方失落情绪的安慰与鼓励，都是出于关心和理解的态度。不同之处在于："笔灵AI"是用一种轻松、亲切的口吻，试图通过鼓励和积极的情绪来安慰对方，并直接表达了对对方能力的肯定，着重在情感上与对方进行支持；而ChatGPT则是采用较为严肃认真的口吻，以信件的方式展现整体内容，更加注重对对方情感的理解和深层次的抚慰，同时提出了积极的建议和规划，力求在心理上和行动上帮助对方走出低谷。

因此，如果是在日常的对话中进行回复，用户可以选择"笔灵AI"的模板进行创作，内容精炼简短，便于记忆；如果是通过网络进行文字沟通，建议用户使用ChatGPT创作，可以使沟通更加有效。

7.2 节日祝福语：
   传递温暖，表达真挚的爱与关怀

7.2.1 节日祝福语的意义

优质的节日祝福语可以为人们带来温馨和愉快的情感体验，也是表达关怀和祝福的一种方式。当我们在节日里用心准备一些美好的祝福语并送给亲朋好友后，可以让他们感受到我们的关心和祝福，增进彼此之间的情感联系。此外，节日祝福语也可以营造欢乐的氛围，让人们在节日里感受到幸福和快乐，增加生活的乐趣。

7.2.2 节日祝福语的创作思路

①确定节日：不同的节日可能需要不同的表达方式和内容，因此首先要确定需要祝福的是哪个节日。

②确定祝福对象：确定要祝福的对象是朋友、家人、同事还是其他特定群体。针对不同的对象，祝福的表达方式和内容可能会有所不同。

③表达真诚的祝福：祝福语应该表达真诚的祝福和美好的愿望，可以包括对对方的祝福、关怀和感激。

④确保祝福语通顺：确保祝福语的表达通顺、自然，避免使用生硬或不流畅的语句。

⑤个性化祝福语：可以根据你和祝福对象的关系以及对方的个性特点加入一些个性化的内容，让祝福更加贴心和亲切。

7.2.3　AI 创作节日祝福语

下面，我们使用"万彩 AI"和"文心一言"来进行案例演示。

1. 使用"万彩 AI"

在"万彩 AI"中，用户可以通过搜索"节日祝福"找到"节日祝福语"模板，点击该模板可进入编辑页面。在该页面中，用户只需要在"节日主题"中输入节日名称，点击"立即生成"就可获得一篇节日祝福语，如图 7-5 所示。

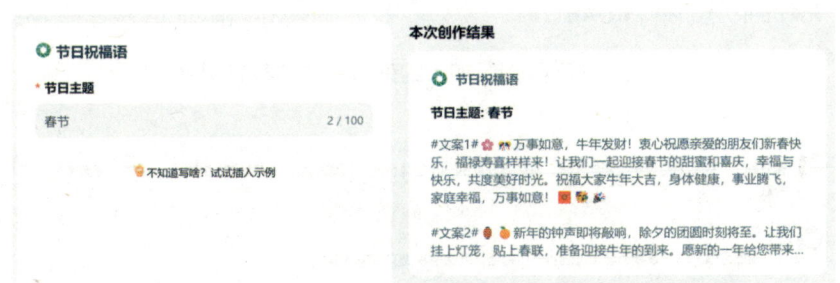

图 7-5　"万彩 AI"生成节日祝福语

为使祝福语更具有针对性，用户可以在"节日主题"中加入祝福对象、祝愿内容等个性化约束。比如，在"节日主题"中输入"春节到了，我要为祖母送上新年祝福，祝愿她在新的一年身体健康、福如东海。请帮我完成祝福语，祝福语要通俗易懂且幽默"，点击"立即生成"，生成结果如图 7-6 所示。

2. 使用"文心一言"

使用"文心一言"时，只需要将用户的期待和要求通过对话的方式输入即可，然后点击"发送"按钮，就可以获得节日祝福语，如图 7-7 所示。

#文案1# 🎇 春节快到了，祝亲爱的奶奶身体棒棒哒，福如东海，笑口常开！愿您的每一天都充满阳光，健康快乐！拜年拜到腿发酸，红包拿到手软！🤣

#文案2# 🎆 晚上放烟花，炸炮声震天响，新年开心最重要！祝可爱的奶奶春节快乐，身体棒棒，嘴巴甜甜！愿您鸡年旺旺旺，红包满满满！🧧

#文案3# 🎍 春节到来，奶奶调皮嘴甜，粉嘟嘟的脸像一个年糕，福气更甜蜜！祝您身体健康，活力满满，一年比一年更年轻！爱您！❤️

#文案4# 🌸 奶奶，新年到，愿您笑口常开像鲜花绽放，健康像马儿飞跃，运气像鱼儿腾跃！祝您快乐更快乐，幸福更幸福！龙马精神，百事亨通！🐉

#文案5# 🏮 月圆人团圆，除夕夜又来到。祝奶奶春节好，年年有团圆饭，夜夜甜甜面。身体倍儿棒，福气旺旺旺！元宵节快乐，香甜粘糯，满心幸福！🍡

图7-6 "万彩AI"加入约束后生成的春节祝福语

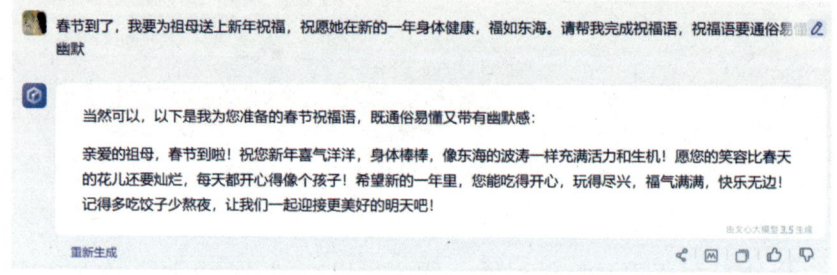

图7-7 "文心一言"生成节日祝福语

如果生成的节日祝福语不能满足用户的要求，用户可根据"文心一言"的提示，通过反复提问的方式不断修改祝福语，直到满意为止。

3. 案例对比与分析

通过比较上述两种AI工具生成的节日祝福语，可以发现如下不同之处。

"万彩AI"生成的祝福语更加亲近和年轻化，使用了口语化、幽默的语言及表情图案，表达了对祖母身体健康、生活幸福的祝福，同时也夹杂了一些轻松的幽默，整体氛围更趋向明快和活泼。"万彩AI"

一次可输出多条文案，便于用户选择。

"文心一言"生成的祝福语显得更加正式和传统，使用了较为正式的祝福语言，表达了对祖母健康长寿、幸福快乐的祝愿，以及对祖母的关心和依恋之情。整体氛围比较庄重和温馨。

因此，用户可以根据自己想要的语言风格及修改方式，选择合适的 AI 工具进行创作。

7.3 旅游攻略：规划行程，提升旅行质量

7.3.1 旅游攻略的意义

一篇好的旅游攻略可以提供便利和参考，帮助游客深入了解目的地的文化、历史、特色和风情，通过对目的地的介绍和推荐激发游客的好奇心，引导他们去探索和体验当地独特的风土人情，并且能拓宽游客的视野，增进对不同文化的尊重与理解，促进文化交流与融合，有助于构建一个更加包容和谐的社会。

此外，一篇好的旅游攻略对于旅游目的地的发展也具有重要意义，可以通过对当地景点、美食、住宿、交通等方面的介绍和推荐，为当地旅游业的发展提供宝贵的宣传和推广，吸引更多游客前往，促进当地经济的繁荣和社会的进步。

7.3.2 旅游攻略的内容

一篇优质的旅游攻略应当以游客的时间安排和个人喜好为出发点，细致入微地研究各个景点的参观时间，合理安排游玩期间的衣食住行玩，确保游客能够充分体验并享受旅行的乐趣。旅游攻略主要包括如下内容。

①目的地介绍：包括目的地的地理位置、气候特点、历史文化背景等，让读者了解目的地的基本情况。

②景点推荐：介绍目的地的主要景点和特色景点，包括景点的特点、开放时间、门票价格等，帮助读者选择和规划游览路线。

③美食推荐：推荐当地特色美食和餐厅，包括口味特点、推荐菜品、地址和营业时间等，让读者在品尝当地美食的同时也能体验当地文化。

④住宿推荐：介绍目的地的住宿选择，包括酒店、民宿、青年旅舍等，提供不同价格和风格的住宿推荐，方便读者选择适合自己的住宿方式。

⑤交通指南：介绍到达目的地的交通方式，包括飞机、火车、大巴等，同时提供当地的交通规划建议，方便读者出行。

⑥购物推荐：推荐当地的特色购物场所和商品，包括纪念品、特色手工艺品等。

7.3.3 AI 制作旅游攻略

旅游攻略的制作往往是因人而异的，不同的人会根据自己的喜好和需求制作出不同的旅游攻略。为制定个性化的攻略，可以采用自定义的方式，比如设定不同的角色来提出不同的需求，以满足更广泛的读者。

下面，我们使用 ChatGPT 和"智谱清言"来进行案例演示。

1. 使用 ChatGPT

在利用 ChatGPT 制作旅游攻略时，用户可以将 AI 设定为导游的角色，并向 AI 提出要求，之后按照 AI 的反馈再为其提供相应信息。比如，在 ChatGPT 的对话框中输入："假如你是成都知名的导游，我马上要到成都旅行，大概待四天，想让你给我出一篇详细的旅游攻略，内容要包含目的地介绍、景点推荐、美食推荐、住宿推荐、交通指南和购物推荐，我需要给你提供哪些信息？"点击"发送"按钮，反馈结果如图 7-8 所示。

图 7-8　ChatGPT 反馈结果

获得 ChatGPT 反馈的具体信息需求后，可以将相关信息提供给它，不确定的可以暂时不提供，或者让它给出建议。在获得相关信息后，ChatGPT 生成的旅游攻略如图 7-9 所示。

用户可以对一些不满意的细节进行反馈，让 ChatGPT 不断进行优化。如果需要将旅游攻略共享在新媒体平台上，可以让 ChatGPT 根据不同平台的写作风格加以修改。

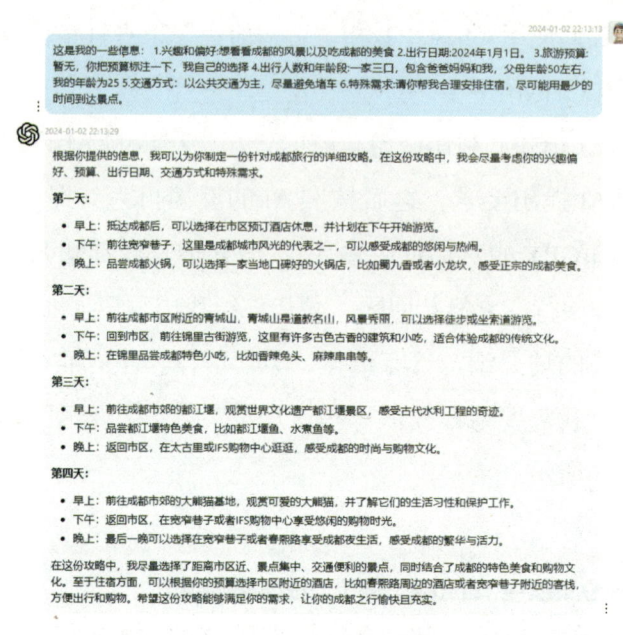

图 7-9　ChatGPT 生成旅游攻略

2. 使用"智谱清言"

用户可以在"智谱清言"的"智能体中心"页面中，通过搜索"旅游攻略"找到相关的多种智能体。点击"旅游攻略规划师"，会出现如图 7-10 所示的页面，在此 AI 向用户展示了提问的模板。

图 7-10　"旅游攻略规划师"页面

比如，在该页面的对话框中输入："请生成一个成都 3 人 4 日游的旅游攻略，主要活动为参观大熊猫基地和宽窄巷子等景区、品尝成都的兔头与火锅，预算在 15000 元左右。"点击"发送"按钮，"智谱清言"即可生成一份旅游攻略，如图 7-11 所示。此外，用户还可以根据自己的喜好，通过对话的方式不断修改旅游攻略。

旅游攻略规划师

感谢您提供的信息。根据您的需求，我为您规划了一个成都4日游攻略。以下是详细的行程安排：

日期	时间	景点/餐厅	预算	推荐理由	门票	开放时间
第一天	上午	大熊猫基地	￥300	近距离观察国宝大熊猫	￥58/人	07:30-18:00
	下午	宽窄巷子	￥200	感受成都的历史文化	免费	全天开放
	晚上	马路边边串串香	￥300	品尝成都特色串串香	￥100/人	11:00-23:00
第二天	上午	锦里古街	￥200	购买当地特色商品	免费	全天开放
	下午	人民公园	￥100	体验成都的悠闲生活	免费	全天开放

图 7-11 "智谱清言"生成旅游攻略

3. 案例对比与分析

通过对上述两种 AI 工具生成的旅游攻略进行对比，可以发现它们都提供了食、住、行、玩等方面的规划，并在景点推荐后附上了简要介绍。

然而，两者在具体行程安排方面存在些许差异。ChatGPT 生成的旅游攻略规划非常细致，不仅在选择餐饮时给出了具体的店铺推荐，还在景点推荐后加上了特色的游玩项目，让用户能够更充分地体验当地的特色和文化。"智谱清言"生成的旅游攻略在内容上就比较简单直接了，从整体上来看更加清晰明了。

因此，如果希望更多地了解当地美食和特色项目，ChatGPT 可能更合适；如果更关注行程的整体规划，"智谱清言"可能更符合期望。对于用户来说，选择哪种 AI 工具取决于个人喜好，并且在制作旅游攻略时要尽可能明确描述自己的需求。

7.4 小说：拓宽视野，领略不同的虚拟人生

7.4.1 创作小说的关键

一篇小说要想吸引读者，必须具备鲜明的人物形象、扣人心弦的故事情节和独特的立意：鲜明的人物形象能让读者产生共鸣；扣人心弦的情节可以为读者带来丰富的阅读感受；独特的立意可以为作品赋予深刻的意义，引发读者对作品的思考。这些因素共同作用，使得作品更具吸引力，能够深深地打动读者的心。

7.4.2 创作小说的思路

①确定主题：确定想要创作的小说主题，可以是爱情、冒险、科幻等。主题是小说的核心，因此选择一个自己感兴趣的并且能够激发创作灵感的主题是非常重要的。

②创造人物：创造小说的主要人物，每个人物都应该有自己的性格特点、目标和挑战，通过描述人物的外貌、内心世界及行为举止，

使他们变得更加生动和具有吸引力。

③构建情节：情节是小说发展的脉络，它应该能够吸引读者并引发情感共鸣；可以通过设定起点、发展、转折点和结局，将小说的情节有机地串联起来。

④描述场景：为了让读者能够身临其境地感受小说情节，需要描述小说发生的场景，包括时间、地点、氛围等方面的描绘。

⑤创作对白：对白是人物之间交流和表达情感的重要方式，因此，创作生动、富有张力的对白可以更好地展现人物之间的关系和情感纠葛。

⑥利用 AI 写作工具：AI 写作工具可以提供创作灵感、语法纠错、写作建议等帮助，用户可以使用这些工具来提升小说的质量和可读性。

⑦修订和完善：在完成初稿后，需要进行反复的修订和完善，检查故事逻辑、人物形象塑造、语法和拼写等，确保小说质量达到最佳状态。

7.4.3　AI 创作小说

下面，我们使用 ChatGPT 和"文心一言"来进行案例演示。

1. 使用 ChatGPT

用户可以根据上述创作思路进行关键词提示，让 ChatGPT 根据关键词简单创作出故事背景和情节。比如，在 ChatGPT 的对话框中输入："请帮我创造一篇悬疑小说，下面我将给你提供几个关键词，请你构思故事背景：古代世家家产纠纷；水井；真凶；悬疑；三个嫌疑人且关系为兄弟；反转。"点击"发送"按钮，生成结果如图 7-12 所示。

故事背景：
在古代，有一个世代相传的世家，家族拥有巨大的财富和权力。然而，家族内部的矛盾和纠纷也一直存在。故事的开头是关于这个世家家产的纠纷，其中一个关键的争端点是一口古老的水井，传说中这口水井有着神秘的力量，可以为家族带来好运和繁荣，因此成了众人争夺的焦点。

故事情节：
一天，家族的家长被发现死在了水井旁。这一事件引发了一系列的悬疑和怀疑。三个兄弟成了警方调查的嫌疑人，他们之间的关系错综复杂，每个人都有动机和可能的手段去犯罪。他们之间的关系如同一张错综复杂的网，而真相也隐藏在这些错综复杂的关系之中。

调查过程中，警方发现了一些真相的线索，但每个线索似乎都在指向不同的兄弟。而在调查的过程中，警方还发现了一些和水井相关的神秘事件，使得案情更为扑朔迷离。

在故事的高潮部分，读者会发现之前所有的线索和事件都指向了一个意想不到的真凶，一个隐藏在故事背后的黑暗势力。这个真凶既不是三个兄弟中的任何一个，也不是他们之间的其他人，而是一个隐藏在故事背后的力量。

反转：
最终，真相大白，案件被破获，而隐藏在背后的黑暗势力也被揭露。故事最后的反转是，原本以为是三个兄弟之间的矛盾和纠纷引发了这一切，但实际上背后的黑暗势力早已策划了一切。整个故事不仅是一场关于家产纠纷的悬疑案件，更是一场关于权力和阴谋的博弈。

这样的悬疑小说兼具了家族纠纷、古代神秘力量和意想不到的真凶等元素，能够给读者带来一场扑朔迷离的阅读体验。

图 7-12　ChatGPT 生成故事背景和情节

如果用户认为故事背景和情节是可取的，可以通过下达编写大纲和章节内容的指示，让 ChatGPT 继续创作，如图 7-13、图 7-14 所示。当然，也可以分步完成小说大纲和章节内容的创作，这样便于小说结构的修改。

请根据上述的小说大纲和小说情节，创作小说的大纲以及前两个章节的具体内容。小说总共分为六个章节，相邻的两个章节间要有紧密的逻辑联系。

小说大纲：

第一章：家族遗产纠纷
在第一章，介绍了古代世家的繁荣和家产纠纷的背景。家族内部矛盾激化，尤其是关于水井的争执，使得家族的内耗日益严重。读者通过对家族成员之间的争执和恶劣关系的描写，逐渐感受到故事的紧张氛围。

第二章：死在水井旁的家长
在第二章，以水井为背景，古代世家的家长被发现死在水井旁。这一事件引起了轩然大波，警方介入调查。三个兄弟成为了警方调查的嫌疑人，而他们之间错综复杂的关系也成为了调查的重点。

第三章：三个嫌疑人
在第三章，读者将深入了解三个兄弟的背景和关系。他们之间的矛盾、嫌隙和竞争也逐渐浮出水面。警方在对三个兄弟进行调查时，发现了一些他们之间的矛盾和可能的动机。在这一章节中，悬疑的氛围进一步升级，读者也可以逐渐了解到在这关系错综复杂的家族内部，真相并不那么简单。

第四章：神秘的水井
在第四章，警方开始着手调查水井的神秘力量。他们发现了一些水井相关的神秘事件，而这些事件似乎和家长死亡案件有着千丝万缕的联系。水井的神秘力量也使得案情更加扑朔迷离，读者也随着警方的调查逐渐发现了水井的秘密。

图 7-13　ChatGPT 生成小说大纲

第 7 章 生活社交与虚构写作

前两个章节：

第一章：家族遗产纠纷

在古代的一个大家族中，家族内部充满了争端和纠纷。家族的财富和权力都集中在一口古老的水井周围，传说中这口水井有着神秘的力量。家族内部的争执和恶劣的关系使得家族的内耗日益严重，而水井也成为了家族内部的争议焦点。家族的大家长一直试图维持家族的团结，但是纠纷却愈发激化，预示着不祥的气氛在家族中蔓延。

第二章：死在水井旁的家长

家族的大家长突然被发现死在了水井旁。这一突发事件引发了轩然大波，警方介入调查。三个兄弟成为了警方调查的嫌疑人，而他们之间错综复杂的关系也成为了调查的重点。警方开始着手调查家长死亡案件，而家族内部的矛盾和纠纷也使得案情变得扑朔迷离。整个家族陷入了一片恐慌和不安之中。

图 7-14　ChatGPT 生成章节内容

2. 使用"文心一言"

由于"文心一言"是对话式 AI 工具，用户可以从确定主题、人物、情节的思路出发，与其进行对话。比如，在"文心一言"的对话框中输入："帮我创作一篇悬疑小说，嫌疑人为兄弟三人；三人为争夺家产，展开激烈斗争；最后在水井中发现尸体。在小说创作中，要加入人物对白。"点击"发送"按钮，可获得如图 7-15 所示的结果。

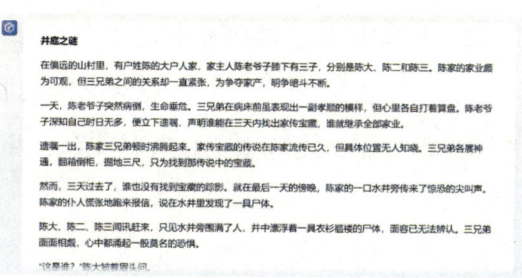

图 7-15　"文心一言"生成小说内容

如果用户需要更长篇幅的小说，可以通过反复提问的方式，让"文心一言"进行修改创作。比如，继续在对话框中输入："请对上述故事进行扩充，生成一篇包含六个章节的短篇小说，相邻的章节之间要有紧密的逻辑关系，请完成前两章节的内容。"点击"发送"按钮，生成的结果如图 7-16 所示。

图 7-16 "文心一言"扩充小说内容

3. 案例对比与分析

ChatGPT 和"文心一言"两种 AI 工具都可以完成小说的创作，且各有所长。

ChatGPT 的创作更加精细，能够根据指令按步骤完成创作，内容相对较多，铺垫和章节安排较为完善，章节之间的联系也更紧密。ChatGPT 更适合那些希望逐步完成创作，并且更加注重章节安排和内容丰富度的用户。

而"文心一言"则更为简洁，它会根据用户的指令直接创作出完整的故事，内容简洁但描述清晰。用户可以根据最初生成的小说内容进行修改和扩展。"文心一言"更适合那些希望快速得到一个完整故事框架，并愿意在此基础上进行修改和创作的用户。

综上所述，如果用户更需要小说创作思路，可优先选择"文心一言"；如果用户倾向于逐步完成小说创作，可以优先选择 ChatGPT。

7.5 故事：启迪智慧，激发情感共鸣

7.5.1 故事的重点

故事的核心在于情节，一个好的故事必须具备引人入胜的情节，从而使读者产生共鸣。故事中的角色是吸引读者的关键，一个成功的角色塑造需要考虑到角色的性格、外貌、行为和情感等多个方面，使读者对角色产生认同感和情感联系。同时，每个故事都有其主题或中心思想，故事需要通过情节和角色的表现，使主题得到深入的探讨和表达，从而引发读者的思考和感悟。故事的语言运用也是吸引读者的重要因素之一，一个好的故事需要运用生动、简洁、有感染力的语言，使读者产生愉悦的阅读体验。

7.5.2 编写故事的流程

①明确主题和风格：在开始编写故事之前，首先需要明确故事的主题和风格。主题通常决定了故事的核心内容，而风格则贯穿了整个故事的发展过程。

②构建故事框架：在确定主题和风格之后，需要构建故事的框架，包括设计故事的起承转合、人物关系、情节发展等。

③增加细节和修饰语言：在获得故事框架后，需要进一步增加细节和修饰语言，使故事更加生动和具体，包括描写人物、描绘环境、丰富对话等。

④审校和修改：完成初稿后，需要对其进行审校和修改，包括检查语法错误、逻辑不清和表达不准确等问题，以及确保故事的连贯性

和一致性。

⑤润色与改善：在审校和修改的基础上，可以进一步对文本进行润色和改善，使故事更具吸引力，包括扩展故事情节、深化角色塑造、优化对话语言等。

⑥再次审校和修改：完成润色后，需要进行再次审校和修改，这时要注重对细节和瑕疵的修正，同时调整整体结构和章节划分，确保故事的流畅性和可读性。

7.5.3 AI 编写故事

下面，我们使用“Friday 智能写作”和“搭画快写”来进行案例演示。

1. 使用“Friday 智能写作”

在“Friday 智能写作”的对话框中输入：“请以‘暗夜之秘’为题目，写一个故事，字数为 500，语言风格为诙谐有趣。地点为一座现代城市中的废弃工厂。时间为夜晚。场景为：工厂位于城市的边缘，四周荒凉，只有破旧的建筑和杂草丛生的街道；工厂的大门紧闭，窗户破碎，墙面上爬满了藤蔓；在工厂内部，机器早已停止运转，空气中弥漫着一种沉闷和荒凉的气息。”点击“发送”按钮，生成结果如图 7-17 所示。

暗夜之秘

夜幕降临，一座废弃工厂在城市的边缘悄悄地露出了它的破败面貌。四周荒凉，破旧的建筑和杂草丛生的街道，仿佛都被遗弃在了时间的角落。这就是我们的故事发生的地方，一个充满神秘和未知的世界。

在这漆黑的夜晚，工厂的大门紧闭，窗户破碎，墙面上爬满了藤蔓。这些藤蔓像是守护者，默默地守护着工厂的秘密。工厂内部，机器早已停止运转，空气中弥漫着一种沉闷和荒凉的气息。

然而，在这个废弃的工厂里，一场神秘的事件正在上演。一群勇敢的年轻人决定探索这个被遗忘的地方，寻找隐藏在工厂深处的秘密。他们踏着杂草丛生的地面，穿越破旧的建筑，避过那些破损的机器。

在这个过程中，他们发现了许多令人惊叹的事情。他们看到了被遗弃的机器上还残留着未完成的工艺品，看到了曾经繁忙的流水线。他们听到了远处传来的奇怪声音，感觉到了一股不寻常的气息。

他们发现了一个神秘的房间，房间里布满了尘土和蛛网，但却有一个奇怪的装置，它在黑暗中发出微弱的光芒。他们不知道这个装置是什么，但它似乎在讲述着一个未完的故事。

在这个废弃的工厂里，他们找到了许多令人惊奇的事物，也收获了许多宝贵的经验。他们开始理解这个被遗忘的世界，也开始理解自己的勇气和好奇心。

尽管他们最终未能揭开工厂的秘密，但他们却在探索的过程中找到了自己的成长和价值。这是一个充满未知和神秘的世界，也是一个充满勇气和好奇心的世界。

图 7-17 “Friday 智能写作”生成故事

在生成故事后,用户可以仔细阅读故事情节,对不满意的地方进行修改,获得新的故事。

2. 使用"搭画快写"

如图7-18所示,"搭画快写"包含众多模板。选择"小说&故事"中的"小说大纲"模板,在"内容大概""章节数量"中输入相应内容,设置"加入情节""内容格式""字数"等内容,如图7-19所示。点击"立即生成",生成结果如图7-20所示。

 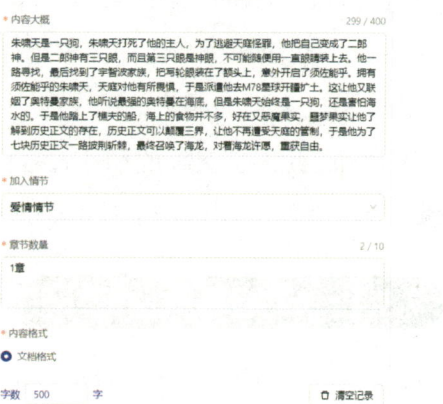

图7-18 "搭画快写"内置模板　　图7-19 "小说大纲"模板

图7-20 "搭画快写"生成故事

3. 案例对比与分析

"Friday 智能写作"注重故事的逻辑性和连贯性，可以根据用户提供的故事梗概或情节线索，提供符合逻辑和情感线索的故事情节，帮助用户创作出更加精彩和引人入胜的故事。

"搭画快写"更注重故事的表现力和创意性，旨在帮助用户在故事创作中获得更多的灵感和创意。它可以为用户提供各种创意性的故事构思和情节设计，激发用户的想象力和创造力。

总体来说，"Friday 智能写作"和"搭画快写"在编写故事方面各有侧重。用户可以根据自己的需求选择合适的 AI 工具来编写故事。

虽然 AI 工具具备强大的写作能力，但人类的创造力和想象力仍无法被替代。因此，在实际的创作过程中，建议用户结合自己的思考和情感，与 AI 工具共同创作出独特而富有感染力的故事。

7.5.4　AI 编写睡前故事

用户可以通过借助 AI 工具生成睡前故事来满足孩子的好奇心。

1. 使用 ChatGPT

ChatGPT 能够根据孩子的年龄和想要的故事风格等需求，随机生成合适的睡前故事，如图 7-21 所示。

如果随机生成睡前故事不能满足用户需求，用户可以根据编写故事的流程进行关键词提示和人物组合。比如，用户可以在 ChatGPT 的对话框中输入："请你帮我生成一篇适合 4 岁儿童听的睡前故事，故事情节是让超级飞侠和汪汪队一起解决困难，故事内容要有趣易懂。"点击"发送"按钮，结果如图 7-22 所示。

第 7 章　生活社交与虚构写作

图 7-21　ChatGPT 随机生成睡前故事

图 7-22　ChatGPT 根据提示生成睡前故事

2. 使用"AI 创作家"

在"AI 创作家"的主页面中选择"AI 创作",再选择"小说故事",点击"故事创作"可进入创建页面。用户可以在"请输入文章主题或者关键词""请输入详细描述"等输入框中,输入自己的想法和要求,点击"开始生成"即可,如图 7-23 所示。比如,在"请输入详细描述"输入框中输入与对 ChatGPT 输入内容相同的文字,点击"开始创作","AI 创作家"会根据用户提供的信息进行补充与修改,随后生成故事内容,如图 7-24 所示。

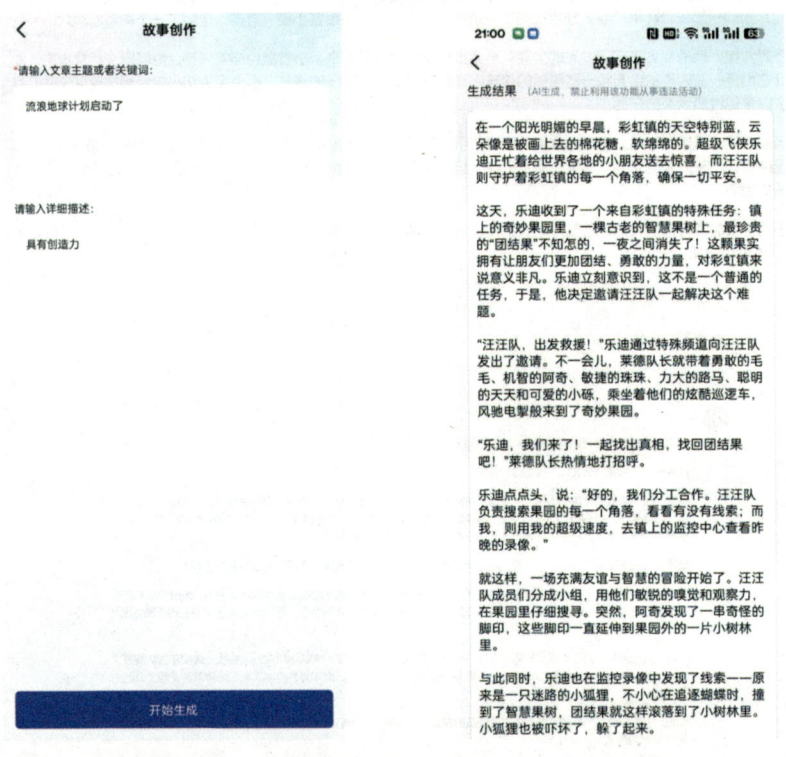

图 7-23 "AI 创作家"的"故事创作"页面　图 7-24 "AI 创作家"生成睡前故事

如果用户对故事内容不太满意,可通过文案下方的"AI 改写""AI 扩写""文章润色"等方式不断进行修改,也可以使用语音输入,提高效率。

3. 案例对比与分析

两种 AI 工具生成的故事都非常有趣和富有想象力,让小朋友的好奇心得以满足，并传达一些正向理念，适合4岁的孩子听，但是有不同的中心思想及写作风格。

ChatGPT生成的故事展现了超级飞侠和汪汪队合作解决问题的场景，具有很强的趣味性，也传达了合作和勇气的重要性；"AI创作家"生成的故事则以一场冒险为背景，表达了友谊、团队精神和勇气的重要性，富有启发和教育意义。ChatGPT需在电脑端完成创作，在提问时需要自己组织语言；"AI创作家"是一个手机APP，用户在使用时可以简单输入关键词，让它自动组织语言并生成结果。用户可根据自己的条件与需求选择不同的AI工具。

7.6 朋友圈文案：增进交流，展现个性风采

7.6.1 朋友圈分享的意义

通过朋友圈，人们可以与朋友分享自己的生活、见解、心情和经历，展示自己的喜怒哀乐，增进彼此的了解和情感交流。朋友圈分享也是一种展示自我的方式，让人们展示自己的才华、见解和观点，获得朋友的认可和支持。朋友在看到分享内容后，可能会展开评论和讨论，从而形成更深入的交流。

7.6.2 创作朋友圈文案的思路

当人们准备在朋友圈分享经历时，可能会陷入无法表达的困境，担心自己无法用生动的文字把这段经历娓娓道来，最终导致没能分享

出去。想要创作高质量朋友圈文案，可以参考如下思路。

①确定主题和目标受众：明确自己在朋友圈分享的主题是什么，以及目标受众是谁，这有助于确定要表达的内容和语言风格。

②编写文案：根据主题和目标受众，编写朋友圈文案，要注意语言简洁明了，能够表达自己的观点或情感，可以使用有趣的词汇、俚语或流行的网络用语来增加趣味性。

③添加配图或视频：为了提高吸引力和可读性，可以添加一些与主题相关的配图或视频。这些配图或视频可以从网上获取，也可以自己制作。

④预览并调整：在发布之前，先预览文本、配图或视频的整体效果，如果有需要调整的地方，及时进行修改。

7.6.3 AI 创作朋友圈文案

下面，我们使用"天工 AI"和 ChatGPT 来进行案例演示。

1. 使用"天工 AI"

在"天工 AI"的"发现智能体"页面中，搜索"朋友圈文案"可以找到相应创作模块，点击可进入对话页面。在对话页面中输入指令，点击"发送"按钮就可以完成创作。比如，在对话框内输入"描述家乡大同代王府的雪景"，点击"发送"按钮，可获得如图 7-25 所示的创作结果。

2. 使用 ChatGPT

ChatGPT 可根据用户的对话提示完成内容的创作，用户可以根据第 2 章讲到的提问方式对其进行提问，引导其创作高质量的朋友圈文案。比如，在 ChatGPT 的对话框中输入："最近大同下雪了，代王府的雪景非常引人注目，我想发一个朋友圈，让我的朋友一起欣赏美景。请你帮我创作一篇文案。"点击"发送"按钮，生成结果如图 7-26 所示。

第 7 章 生活社交与虚构写作

图 7-25 "天工 AI"生成朋友圈文案

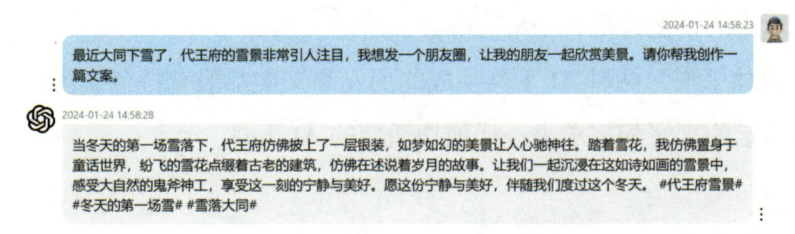

图 7-26 ChatGPT 生成朋友圈文案

如果生成结果不能满足用户需求，可以通过反复提问的方式完成个性化修改。比如，继续在对话框中输入："请将上述生成的文案融入一些古诗词和代王府历史，让文案更有文化底蕴。"点击"发送"按钮，生成结果如图 7-27 所示。

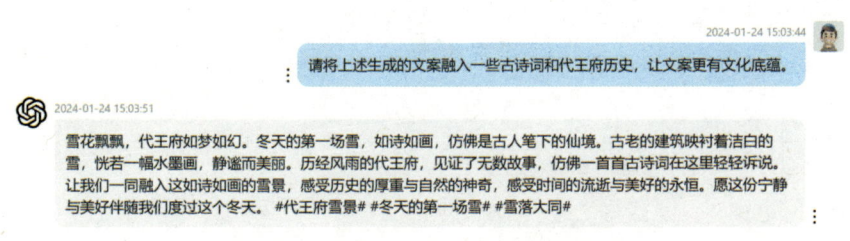

图 7-27 ChatGPT 修改后的朋友圈文案

3. 案例对比与分析

"天工 AI"和 ChatGPT 生成的朋友圈文案都根据提示描述了大同代王府的雪景，包括雪花飘落、建筑与雪的映衬、历史与自然的美好结合等；都表达了对这份宁静与美好的感激之情，并希望将这份美好分享给他人。

但是，两者在表达方式和情感上有所不同。"天工 AI"采用了更加通俗易懂、直接亲切的表达方式，给人一种轻松愉悦的感觉；ChatGPT 则使用了更加正式的表达方式，营造出一种古典、文艺的氛围。在情感表达上，"天工 AI"更注重表达和分享情感，用更多的表情图案来表达对雪景的喜爱和感动；ChatGPT 则更注重描述雪景的唯美和历史的厚重，带有一种沉静、温婉的气质。

总体来说，两种 AI 工具生成的朋友圈文案都很有特色，用户可以根据自己的喜好和需求来选择使用适合的 AI 工具。